Les religions en France

À Martine et Servane, à l'origine de l'idée de ce livre.
À René, ma référence de toujours en matière de foi.

R. G.

L'auteur exprime sa gratitude pour leur concours et/ou leurs avis à :
Vicky-Haï Bellahsen, rabbin (Boulogne-Billancourt) ;
Henri Brécieux, prêtre catholique (diocèse d'Avignon) ;
les services du Consistoire israélite de Paris ;
Anne-Laure Danet, pasteur (Fédération protestante de France) ;
Gérard Fonteyraud, prêtre catholique (diocèse d'Avignon) ;
André Géraud, délégué catholique à l'œcuménisme (diocèse d'Évry) ;
René Giraud, prêtre catholique (diocèse d'Avignon) ;
Philippe Haddad, rabbin ;
Alain Joly, pasteur (Centre culturel luthérien) ;
Olivier Kaufmann, rabbin (Paris) ;
sœur Marie-Sophie et frère Pierre,
religieux catholiques (Fraternités de Jérusalem) ;
Tebbal Abdelhamid, professeur à l'Institut musulman
de la Grande Mosquée de Paris ;
Dominique Trotignon,
directeur de l'Université bouddhiste européenne.

Conception graphique : Atelier du Père Castor
et Frédérique Deviller

Mise en page : Frédérique Deviller

Imprimé en France – ISBN : 2-08162770-1 – ISSN : 1275-6008

Les religions en France

ROBERT GIRAUD

CASTOR DOC Flammarion

INTRODUCTION

Dans les villes et les villages de notre pays, les églises pointent leurs clochers et font sonner leurs cloches. Dans les grandes villes et certaines localités s'y ajoutent des mosquées, des synagogues et des temples. Quand nous disons que la Gaule a été conquise par Jules César en 50 *avant Jésus-Christ* et que Christophe Colomb a découvert l'Amérique en 1492 *après Jésus-Christ*, nous faisons référence à la naissance du christianisme, religion la plus répandue en France et dans le monde. Beaucoup de nos prénoms viennent de personnages importants soit de la religion juive – David, Rachel, Léa, Michel, Déborah, Joël –, soit du christianisme, avec Marie, Pierre, Anne, Jean, Irène, Jérôme, soit de l'islam, comme Mohammed, Myriam, Hakim, Aïcha, Ahmed, Fatima.

À côté des fêtes de la société civile que sont le Nouvel An, le 1er et le 8 Mai, le 14 Juillet, le 11 Novembre, plusieurs fêtes d'origine chrétienne sont chômées. C'est le cas de Noël, de l'Ascension, du 15 Août, de la Toussaint. Le matin de ces fêtes, de même que tous les dimanches, la télévision diffuse des émissions à l'intention des catholiques, des protestants, des chrétiens orientaux, des juifs, des musulmans et des bouddhistes. Ces confessions ont été choisies à bon escient, car elles regroupent toutes au moins un demi million de Français et d'immigrés, et ce sont elles que nous allons explorer ensemble : d'abord le judaïsme et les religions qui s'en inspirent (chrétiennes et musulmane), puis le bouddhisme. Nous n'oublions pas non plus cette composante importante du monde contemporain qu'est l'incroyance.
Cette présentation permettra, nous l'espérons, de mieux comprendre le cheminement des hommes vers ces différents choix de vie, la richesse nouvelle que chacun d'eux apporte. Tous sont également dignes de sympathie et de respect.

1

L'IRRUPTION DU DIEU UNIQUE

Des dieux partout

Jusqu'au IVe siècle de notre ère, la plupart des habitants de la Terre étaient polythéistes, c'est-à-dire qu'ils croyaient à plusieurs dieux. Nos lointains ancêtres s'expliquaient les phénomènes naturels et les événements de leur vie (maladies et guérisons, chance ou malchance) par l'action de bons ou de mauvais esprits. Ces esprits semblaient agir selon leur caprice, et les humains essayaient de se les concilier par des prières, des offrandes ou des pratiques magiques.

La magie est un ensemble de gestes et de paroles visant à faire agir des forces invisibles.

Les hommes rendaient aussi un culte aux ancêtres, persuadés que les morts pouvaient intervenir dans leur vie. Ils répugnaient à admettre que rien ne subsistait de l'homme après la mort. Ils imaginèrent donc, à côté du monde réel, un lieu de séjour des morts, souvent situé sous terre.

Les caprices des dieux

Ces formes primitives de la religion se maintinrent longtemps, même dans des sociétés très évoluées. Chez les Égyptiens, les dieux avaient une tête d'animal sur un corps d'homme et continuaient à représenter des éléments naturels : soleil, air, eau, terre, ciel. Avec les Grecs et les Romains, les dieux devinrent tout à fait semblables à nous. Le puissant Jupiter, par exemple, dieu principal des Romains, maîtrisait la foudre et pouvait changer d'apparence à sa guise, mais il était volage et trompait souvent sa femme. Les dieux gréco-romains avaient les mêmes faiblesses que les humains, dont ils ne se distinguaient que par l'immortalité et leurs pouvoirs surnaturels.

Elle n'a vraiment pas grand-chose de religieux, cette déesse Vénus ! Statue en marbre du Ier siècle av. J.-C., Alte Nationalgalerie, Berlin.

Un tournant capital

Une telle conception de la divinité ne pouvait guère satisfaire les esprits les plus avancés. Le pharaon Akhenaton essaya de conserver un seul des dieux du panthéon égyptien, celui du Soleil, mais sa tentative fut sans lendemain. Plus tard, des intellectuels, tel Platon, mirent en cause, dans leurs livres, la réalité des mythes sur lesquels se fondaient les cultes grecs et romains.

Le pas décisif devait être franchi dans une région qui a joué un rôle capital dans l'émergence de la civilisation : le Croissant fertile, cet arc de cercle qui s'arrondit entre la vallée du Nil (l'Égypte) et celles du Tigre et de l'Euphrate (l'Irak actuel), en traversant la Palestine, la Syrie et une partie de la Turquie. C'est là que sont nées l'agriculture, les premières villes et des inventions aussi capitales que la roue, la voile et l'écriture.

Cette région s'appelait alors le pays de Canaan. Le terme de Palestine est apparu après la conquête romaine.

Premier des dieux ou Dieu unique ?

Les Hébreux ou Israélites (enfants d'Israël), dont la présence est attestée en Palestine depuis environ 1200 av. J.-C., réalisèrent que le divin était supérieur non seulement à l'humain, mais à toute la nature. Le dieu de leur peuple, loin de s'identifier à l'une des forces du monde physique, en était le créateur. Il était unique, on ne pouvait ni le représenter en images ni même prononcer son nom.

En hébreu ancien, on ne notait pas les voyelles. Et comme seuls les grands prêtres connaissaient la prononciation du nom de Dieu, la Bible ne nous a transmis que les consonnes : YHWH. Les savants supposent que ce mot se prononçait Yahvé.

Avec le monothéisme, ou croyance en un seul Dieu, l'humanité prenait conscience de son unité. Elle n'était plus le jouet des forces naturelles et des innombrables dieux qui les personnifiaient. Le Dieu unique était le maître de la nature, prêt à faire partager son pouvoir aux hommes et à établir avec eux un rapport personnel. Les juifs répètent souvent dans leurs prières : « Tu aimeras l'Éternel ton Dieu de tout ton cœur. » Lorsque l'amour jaillit entre deux êtres, ils se choisissent l'un l'autre, ils deviennent uniques l'un pour l'autre. Dans la religion intervint pour la première fois le plus beau sentiment humain : l'amour. Les Grecs et les Romains pouvaient craindre, vénérer leurs dieux, ils ne les aimaient pas.

Les récits bibliques sont la seule source dont nous disposons pour juger de la réalité historique des personnages antérieurs au roi David (environ 1000 avant notre ère).

Le rôle d'Abraham

La Bible, livre saint des juifs, explique l'apparition du monothéisme chez les Hébreux par une révélation de Dieu à leur ancêtre Abraham.

Abraham était prêt, pour obéir à Dieu, à mettre à mort son fils unique, et Dieu dut envoyer un ange pour l'en empêcher.

Yahvé communiqua ensuite à Moïse sa loi (la Torah), qui traduisait des exigences morales élevées : honorer ses parents, respecter la vie, la famille et les biens d'autrui. Cette loi intégrait également, en les sanctifiant, les coutumes d'alimentation, d'hygiène, de vie familiale et sociale des Hébreux. Le Dieu unique était lié à son peuple par une véritable alliance, qui était une promesse de salut, de triomphe sur le mal. Le péché pouvait être vaincu, l'homme était perfectible. La fin du monde présent annoncée par la Bible signifierait l'anéantissement non de l'humanité, qui accéderait à une vie nouvelle, mais de la souffrance, du malheur et de la mort.

Le péché est une désobéissance à la loi de Dieu.

Le peuple hébreu tiraillé

Le peuple d'Israël, dépositaire de ce message grandiose, n'en était pas moins un peuple comme les autres sur l'échiquier du Proche-Orient. Il put tenir tête quelque temps à ses puissants voisins, Égypte, Syrie et Mésopotamie. Mais de cette dernière vinrent des envahisseurs qui anéantirent l'un après l'autre les deux royaumes hébreux qui existaient alors en Palestine. Le second tomba en 586, et le Temple de Jérusalem, lieu du culte de Yahvé, fut détruit. Ceux que l'on appela désormais les Juifs passèrent ensuite sous la domination des Perses, qui leur permirent de revenir en Palestine, puis sous celle d'Alexandre le Grand et de ses suc-

Le mot « juif » vient de « Judée », région située autour de Jérusalem. « Juifs » écrit avec une majuscule désigne les membres du peuple, de la nation juive, et « juifs » avec une minuscule, les adeptes de la religion juive, que l'on appelle aussi parfois « israélites ». Les habitants, juifs ou non juifs, de l'État d'Israël se nomment, eux, les Israéliens.

cesseurs, et ils ne retrouvèrent leur indépendance que pour une centaine d'années, jusqu'à l'arrivée des Romains en 63 av. J.-C. Après le désastre de 586, les Juifs essaimèrent dans les pays voisins. Non seulement en Mésopotamie, où ils avaient été déportés de force par leurs vainqueurs, mais aussi en Égypte, où ils se trouvèrent en contact avec la brillante civilisation hellénistique, en particulier

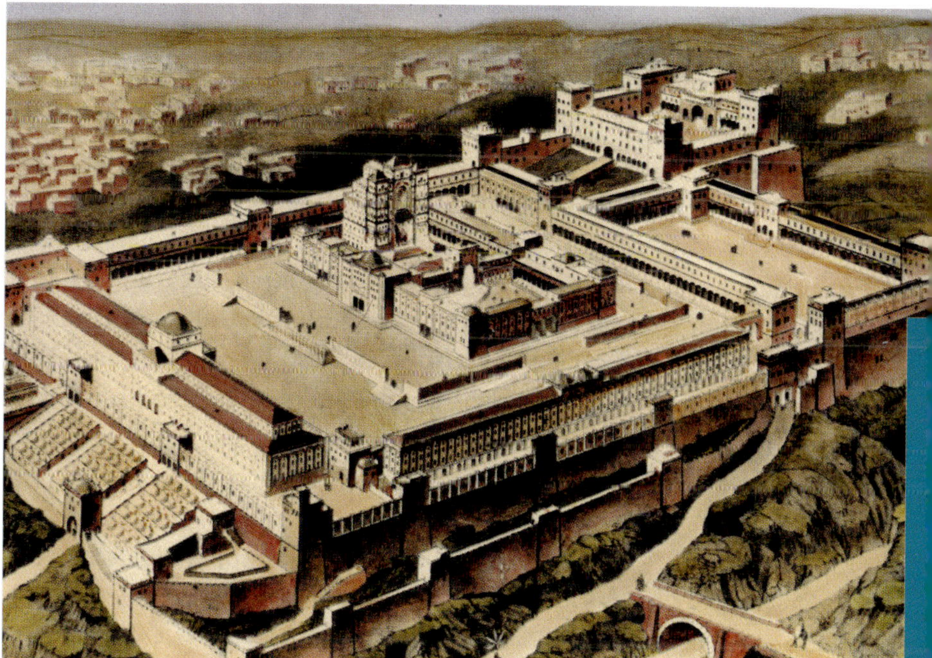

Quel monument impressionnant que le second Temple de Jérusalem ! Reconstitution par A. Eberhardt d'après Konrad Schick.

C'est le général romain Titus qui vainquit les Juifs révoltés en 66-70. Destruction du Temple de Jérusalem *(détail) par Francesco Hayez, 1867. Galleria dell'Accademia.*

un culte à son Dieu dans un temple érigé dans sa capitale. C'est alors que fut rédigée la Bible, que surgirent les prophètes, ces hommes qui s'affirmaient mandatés par Dieu pour dénoncer les injustices sociales et les abus des puissants, les infidélités du peuple à son Dieu.

La période suivante, contemporaine du christianisme, est celle de la dispersion des communautés juives autour de la Méditerranée et au Proche-Orient, puis un peu partout dans le monde. Il ne s'agit plus de bâtir une identité, mais de la préserver. La Bible est considérée comme achevée ; il n'y a plus de prophètes et, faute de temple, les prêtres perdent l'essentiel de leur rôle. La direction de la vie religieuse passe entre les mains des rabbins, chargés d'étudier et d'enseigner le message biblique, d'animer la prière.

En ce qui concerne la France, on a trouvé près d'Orgon (Bouches-du-Rhône) des objets portant des symboles juifs et remontant au Ier siècle ap. J.-C.

Le mot, en araméen, signifie : « maître de doctrine », « enseignant ».

Ballotés par l'histoire

Une fois le christianisme devenu au IVe siècle religion officielle de l'Empire romain, la situation des communautés juives s'aggrava. En effet, les relations entre le judaïsme et ce rameau qui s'en était détaché furent dès le début exécrables. Les Juifs d'alors voyaient en Jésus un usurpateur, tandis que les chrétiens les accusaient d'avoir livré à la mort le fils de Dieu en personne. Dans les siècles qui suivirent, les Juifs furent souvent contraints de vivre dans des

LE JUDAÏSME EN QUELQUES MOTS

La doctrine

Il existe un seul Dieu, incorporel, créateur du monde et des hommes. Les anges sont des créatures incorporelles de Dieu, auquel ils servent de messagers.

Dieu a choisi de manifester son existence par l'intermédiaire du peuple hébreu, avec lequel il a conclu une alliance.

Un Messie viendra un jour pour instaurer la paix sur la Terre. Les juifs reconstruiront le temple de Jérusalem en tant que maison de prière pour toutes les nations. Dieu jugera tous les hommes. La question de la résurrection des morts et du destin du monde après le jugement demeure ouverte.

Les livres saints

La Bible judaïque a été composée en hébreu et en araméen au cours du premier millénaire avant notre ère. Le cœur en est la Torah, ou Loi de Dieu. Les juifs insistent sur l'importance de l'étude de la Bible dans le texte original.

Le Talmud est un ensemble de commentaires de la Bible, rédigés entre le IIe et le VIe siècle de notre ère.

L'organisation

Les communautés sont très autonomes. Il n'existe pas d'autorité religieuse centrale pour l'ensemble du judaïsme.

Les règles

Elles sont très nombreuses. Les principales sont les suivantes :

- **Prière matin, midi et soir,** office hebdomadaire tous les samedis à la synagogue.
- **Circoncision des garçons** 8 jours après la naissance.
- **Nourriture *cachère* (autorisée),** ce qui exclut en particulier le porc. Les animaux doivent être abattus de façon spéciale et vidés de leur sang.
- **Aucun travail,** ni commerce, ni voyage n'est autorisé le samedi (sabbat, ou *shabbat*). Les repas doivent être préparés la veille et seulement réchauffés.
- **Lavage** (appelé « ablution », ou purification par l'eau) des mains avant la consommation du pain et en d'autres circonstances.
- **Interdiction des relations sexuelles hors mariage,** de l'homosexualité, de l'euthanasie. L'avortement est à examiner dans chaque cas précis.

Situation en France

Parmi les 600 000 personnes d'origine juive qui résident en France, seul un sixième observe les principales règles du judaïsme, tandis qu'une bonne moitié n'en tient aucun compte. Beaucoup ne sont plus croyants et un certain nombre ne se reconnaissent même plus aucun lien avec les traditions juives. Un Juif sur trois, en France, en moyenne, épouse une personne d'une autre origine.

En Belgique et en Suisse, il n'y a que quelques dizaines de milliers de juifs.

quartiers séparés (les ghettos) et de porter des insignes ou vêtements distinctifs. Généralement les rois chrétiens n'hésitaient pas à les dépouiller de leurs biens, à les convertir de force, à les expulser ou même à les massacrer. En France, il fallut attendre la Révolution de 1789 pour que les Juifs deviennent des citoyens à part entière et ne soient plus séparés du reste de la nation.

Dans les pays musulmans, les Juifs étaient moins ou pas du tout persécutés, mais ils demeuraient néanmoins en marge.

Le christianisme favorisa ainsi une attitude de répulsion vis-à-vis de la religion, des traditions, de la culture juives, qui, à côté d'autres facteurs, contribua au XIXe siècle à l'apparition de l'antisémitisme. Celui-ci, dont le contenu n'était plus religieux, mais racial, culmina au XXe siècle en Allemagne, avec l'arrivée au pouvoir de Hitler, lui-même athée, qui décida d'exterminer totalement les Juifs. Il en massacra 6 millions avant d'être enfin vaincu par les armées des pays qui s'étaient alliés contre lui. L'antisémitisme, malheureusement, lui, a survécu, mais les Églises chrétiennes se sont élevées à maintes reprises contre lui.

Ce monstrueux génocide est désigné sous le nom de *Shoah* (en hébreu : catastrophe).

En réponse aux manifestations d'hostilité dans leurs pays d'accueil, des Juifs lancèrent à la fin du XIXe siècle un mouvement de retour en Palestine, qui a conduit, après la Seconde Guerre mondiale, à la création de l'État d'Israël. D'autres se sont peu à peu assimilés aux populations locales. Les Juifs croyants, qu'ils vivent ou non en Israël,

Le hideux visage de l'antisémitisme. Affiche électorale française de 1889. Musée d'Art et d'Histoire du judaïsme, Paris.

gardent précieusement leurs traditions, sans essayer de concurrencer les autres religions. Ils se reconnaissent unis aux autres monothéismes, chrétien et musulman, par l'adoration du même Dieu unique, et croient que tous les justes seront sauvés, juifs comme non-juifs.

2 LA SÉPARATION DES FILS D'ABRAHAM

Dieu fait homme

Pour les disciples de Jésus, celui-ci, venu pour instaurer le royaume de Dieu, ne pouvait être vaincu par la mort. Ils croyaient donc qu'il était sorti du tombeau et remonté au ciel et qu'il reviendrait prochainement achever sa mission sur Terre. Ce passage du séjour des morts au séjour de Dieu indiquait que Jésus n'était pas seulement l'envoyé de Dieu, mais Dieu lui-même, fait homme pour partager le sort commun des hommes et même mourir comme eux.

Un Dieu torturé et supplicié, c'était une innovation scandaleuse aussi bien pour les monothéistes juifs que pour les polythéistes païens, mais pour les chrétiens, c'était l'expression la plus haute de l'amour de Dieu pour les hommes, déjà profondément inscrit dans le judaïsme.

Un immense espoir

En réponse, les faibles, les opprimés, les démunis placèrent tous leurs espoirs en ce Dieu qui était né d'une femme, qui avait travaillé de ses mains

L'infinie tristesse des parents et amis de Jésus mort. Mosaïque. Saint-Sépulcre, Jérusalem.

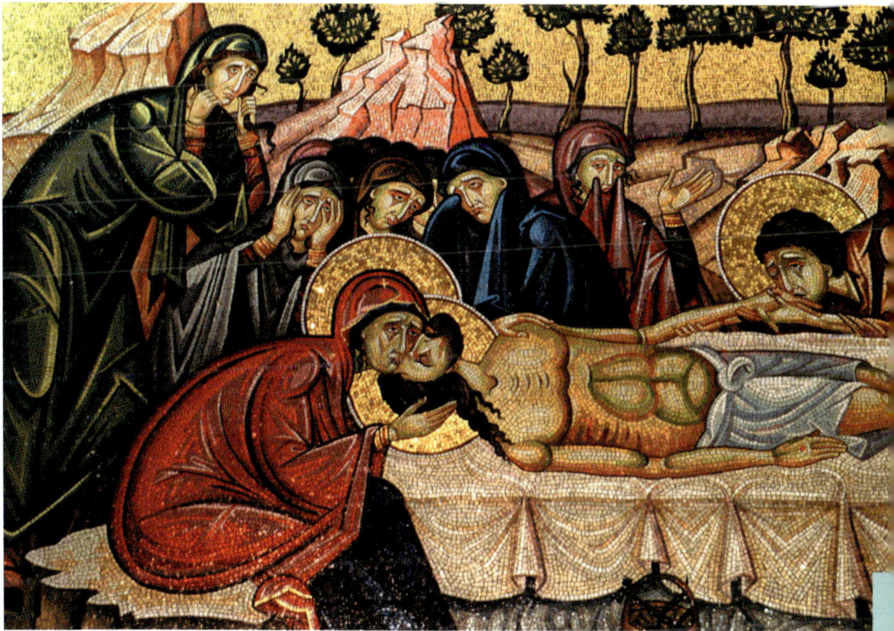

comme charpentier en Palestine, qui avait subi un supplice réservé aux esclaves. Ce Dieu qui avait tout connu de leurs souffrances et qui allait revenir sur Terre pour y mettre un terme définitif. De nombreux intellectuels, que les contraintes de la religion juive retenaient d'adhérer au monothéisme, rejoignirent également les rangs des chrétiens. Beaucoup étaient séduits, en particulier, par le message égalitaire de la nouvelle religion, par la solidarité entre les membres des premières communautés chrétiennes, où se côtoyaient riches et pauvres, maîtres et esclaves.

L'Empire romain s'avoue vaincu

Portée par cette dynamique, la nouvelle foi se répandit rapidement d'un bout à l'autre de l'Empire romain. L'extrême diversité des peuples de cet Empire l'aida aussi à affirmer sa vocation universelle. Certes, en refusant de rendre un culte à l'empereur, les chrétiens s'exposèrent à des persécutions, parfois très violentes. Mais, entre les persécutions, le christianisme connut de longs répits qui lui permirent de se consolider et de poursuivre son expansion. Finalement, au début du IVe siècle, l'empereur Constantin adhéra à la nouvelle religion, et celle-ci, quelques dizaines d'années plus tard, fut proclamée seule religion officielle de l'Empire. Au cours des siècles, elle

La présence de communautés chrétiennes en Gaule est attestée dès le IIe siècle.

gagna tous les continents et elle compte actuellement près de 2 milliards de baptisés, soit un humain sur trois. C'est la seule religion vraiment universelle, car elle a des fidèles dans la population autochtone de presque tous les pays du monde.

Un développement contrasté

Et pourtant, le christianisme connut bien des dissensions. Ses textes fondateurs pouvaient donner lieu à des interprétations divergentes et même contradictoires. Le retour du Christ sur Terre se faisant attendre, ses adeptes durent s'installer dans la durée, s'organiser et clarifier leur doctrine, ce qui n'alla pas sans mal.

Les chrétiens affirmaient que Jésus était à la fois homme et Dieu, ce qui était difficile à concevoir dans le cadre du monothéisme. Il fallut plusieurs siècles, au prix d'affrontements parfois sanglants et de scissions, pour que soient formulés définitivement le dogme de la Trinité, d'après lequel les personnes du Père, du Fils et de l'Esprit-Saint sont toutes les trois le même Dieu unique, et celui de la double nature, humaine et divine, de Jésus.

Vers l'éclatement

Des nuances d'interprétation de ces fondements du christianisme subsistent jusqu'à maintenant entre les différentes confessions qui s'en réclament. Mais,

Entre Dieu le Père et le Christ crucifié, le Saint-Esprit est représenté sous la forme d'une colombe. La Sainte-Trinité *(détail), par Masaccio, XVe siècle. Église Sainte-Marie nouvelle, Florence.*

en fait, les divergences les plus graves allaient porter sur l'organisation et le rôle de la communauté des croyants, appelée l'Église, et elles conduisirent à l'éclatement du christianisme en trois branches principales : le catholicisme, l'orthodoxie et le protestantisme, ce dernier lui-même éparpillé entre de multiples Églises grandes et petites. Nous reviendrons plus loin sur ces trois variantes, qui ont divergé aux XIe et XVIe siècles. Mais auparavant nous devons parler de la troisième grande religion monothéiste, fondée au VIIe siècle par l'Arabe Mohammed.

Ou Muhammad, traditionnellement appelé en Occident Mahomet, né vers 570, mort en 632.

La religion de Mahomet

Mohammed, tout en reconnaissant une valeur aux livres sacrés juifs et chrétiens, réprouva les innovations du christianisme et reprocha aux juifs, qui avaient reçu les premiers la révélation de Dieu,

de n'y avoir pas été toujours fidèles. Rejetant les dogmes de la divinité de Jésus et de la Trinité, il s'affirma choisi par Dieu pour rétablir la vérité de son message aux hommes.
L'enseignement de Mohammed, consigné dans le livre du Coran, part de la réaffirmation de la singularité du Dieu unique. Aucune comparaison ni aucune image ne peut rendre la supériorité d'Allah sur toute créature. Les mosquées ne présentent aux croyants que l'empreinte en creux du Dieu invisible : la niche dans le mur du fond qui indique la direction de La Mecque. C'est devant cette niche que les musulmans se prosternent face contre terre en signe de soumission totale à la volonté divine.

Dans l'islam, comme dans le judaïsme, il est rigoureusement interdit de confectionner des images de Dieu.

Le mot *islam*, en arabe, signifie précisément « soumission ».

Une soif d'unité

Dieu, si grand qu'il soit, s'intéresse à l'homme, dont il a fait sa créature préférée. Il donne son amour à ceux qui croient en lui et qui doivent à leur tour faire rejaillir cet amour sur leur prochain. Pour répondre à la sollicitude de Dieu, le musulman doit, grâce à un effort sur lui-même, se rendre disponible aux autres, faire le bien, assumer ses responsabilités sociales. L'islam a la passion de l'unité : un seul Dieu ; une seule humanité face à Dieu, sans peuple élu ni Église ou clergé au sens chrétien du terme ; une seule règle gouvernant à

C'est cet effort que désigne le mot de *djihad* : effort de perfectionnement de soi et de résistance au mal, qui peut prendre aussi la forme d'une résistance armée à ceux qui voudraient détruire l'islam.

Les saints sont des personnages qui, durant leur vie, ont fait le bien et se sont conformés aux préceptes de leur religion.

la fois la vie religieuse, sociale, familiale, jusqu'à des petits détails de l'existence quotidienne. Pour le musulman, le comportement est plus important que le culte, dépouillé de tout apparat et rendu au seul Dieu, à l'exclusion des saints.

C'est le cas, entre autres, de la polygamie, que les Juifs et les païens évolués avaient abandonnée depuis bien longtemps.

La géographie de l'islam

Une telle simplification de la doctrine, du culte et de l'organisation allait faciliter la diffusion de l'islam. Le handicap viendrait des nombreuses prescriptions héritées des traditions arabes antérieures ou

La niche* (mihrab) *et les superbes décorations d'une mosquée d'Iran.

reprises au judaïsme, telles que la circoncision et l'opposition du pur et de l'impur, qui entraîne de nombreuses ablutions et interdits alimentaires. Aussi l'islam n'a-t-il mordu sur aucun des trois grands foyers de civilisation existant alors : l'Europe chrétienne de tradition gréco-romaine, la Chine et l'Inde centrale. Cependant, en convertissant le Moyen-Orient et l'Afrique du Nord, les franges de l'Inde, la quasi-totalité de l'Indonésie et la Malaisie, en continuant jusqu'à maintenant son expansion en Afrique noire, l'islam est devenu la deuxième religion mondiale, avec environ 1 milliard d'adeptes. Les musulmans se répartissent en deux branches inégales : les chiites, surtout répandus en Iran et dans les pays limitrophes, et les sunnites, dix fois plus nombreux. Le schisme entre sunnites et chiites est très ancien : il a été provoqué par des querelles sur la légitimité des califes, successeurs de Mohammed à la tête de l'islam. Les chiites sont plus organisés que les sunnites, leur clergé est hiérarchisé.

La ressemblance entre les règles judaïques et musulmanes peut venir de ce que les deux religions sont nées sous des climats chauds, où l'hygiène est particulièrement importante et où il faut éviter d'employer des aliments qui se conservent mal.

Un nouveau foyer de civilisation

L'islam, dès sa création, a donné un véritable coup de fouet au développement du peuple arabe. Les troupes des califes, pour répandre la nouvelle religion, bâtirent un immense empire allant de l'Atlantique à l'Indus. Les villes de Damas et de

Les chiffres que nous utilisons sont les chiffres arabes, d'un maniement beaucoup plus commode que les chiffres romains employés précédemment.

Bagdad devinrent les centres d'une civilisation raffinée, avec de grands artistes, savants et philosophes. Les Arabes ont contribué à la conservation de l'héritage de la culture antique, ils ont traduit de nombreuses œuvres des penseurs grecs, les faisant ainsi connaître à l'Occident chrétien. L'apport des savants musulmans en mathématiques, en médecine, en

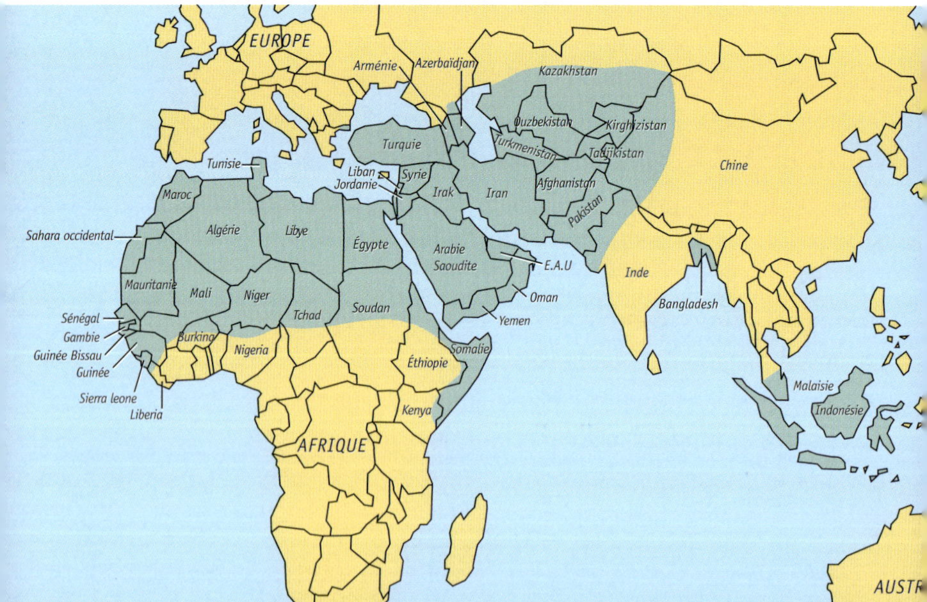

Les principales régions où s'est répandu l'islam

astronomie, en philosophie, a été considérable. Mais à partir du XIe siècle, l'empire des califes, tiraillé entre les peuples qui en faisaient partie, attaqué de l'extérieur par les croisés chrétiens et les Mongols, finit par tomber sous le joug des Turcs, musulmans eux aussi mais beaucoup moins évolués. Ce fut la fin de la brillante civilisation arabo-musulmane, avec son ouverture d'esprit, ses recherches scientifiques et ses débats sur le contenu de la foi.

Lors des croisades, les chrétiens imposèrent aux Arabes deux siècles de guerre (de la fin du XIe à la fin du XIIIe siècle) en Palestine, en Égypte et en Syrie.

L'islam à la croisée des chemins

Après une longue période de domination turque, la plupart des pays musulmans passèrent sous la domination des grandes puissances coloniales, l'Angleterre et la France principalement. Au contact du mode de vie européen, on vit apparaître deux attitudes : celle des intégristes ou fondamentalistes, qui s'en tiennent strictement aux règles traditionnelles, même si elles ne figurent pas dans le Coran, et celle d'esprits plus ouverts, qui veulent vivre leur foi dans le contexte des sociétés modernes.

Finalement l'islam demeure de nos jours une religion bien vivante, qui se maintient fermement dans les pays d'implantation traditionnelle et enregistre aussi un certain nombre de conversions parmi les chrétiens et les incroyants des pays occidentaux.

L'ISLAM EN QUELQUES MOTS

La doctrine

Dieu (Allah) est rigoureusement unique, incorporel, créateur du monde, des anges et des hommes. Il y a de bons et de mauvais anges, ces derniers entraînant les hommes au mal.

Dieu s'est d'abord manifesté à Abraham, Moïse et Jésus, mais leur message a été déformé. Il a alors choisi Mohammed comme ultime messager.

Chaque homme est accompagné durant sa vie par deux anges gardiens, qui prennent note de tous ses actes, bons et mauvais. À la fin des temps, Dieu ressuscitera les morts et jugera tous les hommes, envoyant les bons au paradis, les méchants en enfer.

Les livres saints

Le Coran a été noté par les disciples de Mohammed peu après la mort de celui-ci. Les musulmans estiment qu'il est important de le lire dans le texte arabe. Ils respectent également la Torah des juifs et les Évangiles des chrétiens.

La sunna rapporte des paroles et actes de Mohammed et de ses compagnons, et énonce des règles religieuses et juridiques qui complètent et précisent les prescriptions du Coran.

L'organisation

L'islam n'a pas de prêtres ni d'autorité spirituelle suprême.

Les règles

Il y a d'abord ce qu'on appelle les cinq piliers de l'islam :

- **l'affirmation de la foi** (en arabe, la chahada) ;
- **les cinq prières quotidiennes** ;
- **l'aumône réglementaire aux pauvres** ;
- **le jeûne du ramadan** ;
- **le pèlerinage à La Mecque** une fois dans la vie pour ceux qui en ont les moyens.

Il existe un grand nombre d'autres règles de comportement, dont les plus importantes sont :

- **la circoncision des garçons** ;
- **la nourriture halal (pure)**, ne comportant ni porc, ni alcool. Les bêtes de boucherie doivent être égorgées et vidées de leur sang ;
- **les fréquentes ablutions**, en particulier avant la prière ;
- **l'interdiction des relations sexuelles hors mariage**, des boissons alcoolisées et des stupéfiants, de l'avortement (mais pas de la contraception), de l'euthanasie, des jeux d'argent et de hasard.

Situation en France

On compte en France environ 4 millions de musulmans, la plupart sunnites, originaires surtout d'Afrique du Nord. Un demi-million fréquentent régulièrement la mosquée. Plus d'un million boivent des boissons alcoolisées.

En Belgique, on compte 400 000 musulmans et en Suisse, 300 000.

3

UN SEUL CHRIST, PLUSIEURS RELIGIONS ?

Orient et Occident

La doctrine chrétienne se constitua principalement du IIe au Ve siècle. Les évêques se réunirent plusieurs fois pour définir une position officielle. Toutes les autres opinions furent déclarées hérétiques, c'est-à-dire fausses, et violemment combattues. Mais, au milieu du Ve siècle, plusieurs Églises locales refusèrent de se plier aux décisions de l'un des conciles ; les plus importantes d'entre elles à avoir survécu jusqu'à maintenant sont celles d'Égypte (les coptes), d'Éthiopie et d'Arménie.

Les assemblées de tous les évêques de la chrétienté sont appelées des conciles.

Par ailleurs, aux IIIe et IVe siècles, l'Empire romain, immense et donc difficile à gouverner, avait

L'empereur byzantin Justinien avec le haut clergé de l'Église d'Orient. Mosaïque, v. 547, San Vitale, Ravenne.

été divisé en un Empire d'Orient, centré sur Constantinople, dans lequel on parlait grec, et un Empire d'Occident, qui garda Rome pour capitale et le latin comme langue. Le second s'effondra au Ve siècle sous les coups des envahisseurs germaniques, qui bâtirent sur ses ruines plusieurs royaumes distincts. Les voyages devinrent difficiles, les relations entre chrétiens d'Occident et d'Orient se distendirent. Une rivalité ne tarda pas à naître entre les chefs religieux des deux capitales : le patriarche de Constantinople et celui de Rome, appelé aussi le pape et qui était demeuré le seul lien entre les nouveaux royaumes constitués en Occident et peu à peu convertis au christianisme.

L'essor de l'Église d'Occident

L'évolution divergente des Églises d'Occident et d'Orient aboutit à la rupture en 1054. Depuis, on les désigne couramment sous les noms d'Église catholique, c'est-à-dire universelle, en Occident, et d'Église orthodoxe, c'est-à-dire fidèle à la vraie foi,

Les papes, qui résidèrent à Avignon pendant près de 70 ans au XIVe siècle, s'y firent bâtir un prestigieux palais qui marque bien la puissance de la papauté médiévale.

en Orient. En fait, les deux Églises se considèrent également universelles et fidèles à la vraie foi.

À partir du XIIIe siècle, la totalité des pays orthodoxes tombe sous la domination de peuples musulmans, mongols ou turcs. Les Églises locales consacrent toutes leurs forces à essayer de survivre. L'Église catholique, à l'opposé, devient de plus en plus puissante. Le catholicisme est la religion unique, obligatoire, de tous les pays d'Europe occidentale. Le pape et les évêques interviennent dans la vie politique et accumulent des richesses considérables. À la fin du Moyen Âge, des dignitaires ecclésiastiques vivent dans le luxe, parfois dans la débauche, font commerce des fonctions et objets sacrés.

Les pays orthodoxes les plus peuplés, aujourd'hui, sont la Russie, l'Ukraine, la Roumanie, la Grèce, la Serbie, la Bulgarie.

Seuls les juifs faisaient exception, mais on a vu plus haut que leur sort n'était guère enviable.

Pour un retour à la simplicité évangélique

Face à de tels scandales, de nombreux chrétiens appellent à un renouveau, à un retour aux valeurs fondamentales du christianisme. Devant le refus des autorités ecclésiastiques d'accepter les critiques, certains penseurs chrétiens ne se contenteront plus de dénoncer les abus, ils s'interrogeront sur leurs causes et en viendront à la conclusion qu'il faut repenser le rôle de l'Église : celle-ci n'est que le rassemblement des croyants, et non le moyen du salut, qui dépend uniquement de Dieu. Pour ceux que l'on allait bientôt appeler les protestants,

Ce furent principalement l'Allemand Martin Luther (1483-1546) et le Français Jean Calvin (1509-1564).

Le nom de « protestant » vient de la protestation des princes allemands partisans de la Réforme du catholicisme, contre l'attitude des autorités catholiques. En France, de nos jours, le mot de « réformé » ne s'applique qu'aux calvinistes.

LE CHRISTIANISME EN QUELQUES MOTS (CATHOLICISME ET PROTESTANTISME)

Les croyances

Un Dieu unique en trois personnes : le Père, qui a tout créé ; le Fils, qui s'est fait homme sous le nom de Jésus (le Christ) pour sauver les hommes, est mort sur la croix, est ressuscité et doit revenir au dernier jour ; le Saint-Esprit, porteur de la grâce divine. À la fin des temps les morts ressusciteront et seront jugés : les bons iront au paradis, les méchants en enfer. Les anges et les démons sont des créatures incorporelles de Dieu.

Les livres saints

La Bible comprend l'Ancien Testament (la Bible juive, augmentée de quelques textes chez les catholiques) et le Nouveau Testament (les Évangiles et autres écrits des premiers disciples de Jésus).

L'organisation

Pour les catholiques, l'Église, très centralisée, est gouvernée par le pape et les évêques nommés par lui.

Les protestants forment de nombreuses Églises indépendantes ; leurs responsables, en général, sont élus et le rôle du clergé, réduit.

En Belgique, la quasi-totalité des chrétiens sont catholiques. En Suisse ils se partagent à peu près à égalité entre catholiques et protestants.

Les pratiques

L'entrée dans la communauté de foi est marquée par le baptême, qui consiste à verser de l'eau sur le front ou à plonger le nouveau chrétien dans l'eau.
Le rythme des prières quotidiennes est libre. Le dimanche et aux grandes fêtes, les catholiques se réunissent pour la messe, les protestants pour le culte ou service divin.
Les catholiques confessent leurs péchés aux prêtres, observent deux jours de jeûne (privation volontaire de nourriture) dans l'année, prient et vénèrent les saints, tout particulièrement Marie, mère de Jésus. L'Église catholique interdit les relations sexuelles en dehors du mariage, la contraception, l'avortement, l'homosexualité, l'euthanasie.
Les protestants définissent eux-mêmes leur comportement en fonction des enseignements de la Bible et avec le soutien de leur pasteur.

Situation en France

Deux tiers des Français se disent catholiques, mais seule une petite minorité pratique plus ou moins régulièrement sa religion. Actuellement, moins de la moitié des nouveau-nés, dans notre pays, sont baptisés catholiques.
Les protestants (un million de fidèles au total) se partagent principalement entre réformés (400 000, surtout dans le Midi et à Paris) et luthériens (250 000, surtout dans l'Est et à Paris), ainsi qu'entre plusieurs communautés d'origine plus récente (baptistes, pentecôtistes, etc.). Un tiers au plus fréquentent le culte dominical. Deux tiers épousent des catholiques.

Cet effort de purification et de simplification fait, d'une certaine manière, écho aux thèmes fondateurs de l'islam.

Les saints chrétiens avaient pris la relève des divinités païennes traditionnelles. Chaque village, chaque quartier, chaque profession avait son saint patron, auquel on demandait aide et protection.

puis les réformés, il faut revenir à la pureté du message évangélique ; la seule source de vérité est la Bible – Ancien et Nouveau Testament –, dont l'interprétation est laissée à chaque croyant. L'autorité du pape est rejetée. Les prêtres sont remplacés par des pasteurs au rôle beaucoup plus modeste. Le culte des saints est aboli, car seul Dieu est digne d'être adoré.

Le défi protestant

La diffusion du protestantisme fut portée par l'aspiration de beaucoup de chrétiens à une religion plus pure, plus authentique, mais elle souffrit de l'abandon du culte des saints, de Marie en particulier, extrêmement populaire au Moyen Âge.

Les pays scandinaves, la Hollande, une grande partie de l'Allemagne passèrent à la Réforme, avec des différences notables entre les luthériens et les réformés (ou calvinistes). L'Église d'Angleterre, quant à elle, tout en rejetant l'autorité du pape, conserva beaucoup de la doctrine et de l'organisation catho-

Martin Luther, initiateur de la réforme protestante. Portrait par Lucas Cranach.

liques. En France, la Réforme se heurta à une forte résistance des catholiques, et d'interminables guerres de religion ensanglantèrent le pays. La majorité des Français demeurèrent finalement soumis au pape et Louis XIV tenta même de convertir de force la minorité protestante, qui n'obtint la liberté de culte qu'en 1791, grâce à la Révolution.

Henri IV, par l'édit de Nantes (1598), imposa la coexistence des deux cultes. C'était un premier pas vers la tolérance moderne. Malheureusement, Louis XIV abrogea cet édit moins de cent ans plus tard.

Le renouveau chrétien

Face à la contestation, le catholicisme se reprit et élimina beaucoup des abus dénoncés par les protestants, tout en maintenant sa structure fortement centralisée. Il a une nouvelle fois marqué sa capacité de renouvellement lors du concile de Vatican II (1962-1965) et par l'éclosion spontanée de mouvements de rénovation spirituelle, dont on trouve d'ailleurs aussi l'équivalent dans le protestantisme. Depuis plus de cent ans se développe le mouvement œcuménique, qui prône le rapprochement entre tous ceux qui croient au Christ. Des représentants d'Églises différentes travaillent ensemble à réduire les divergences. Les condamnations réciproques lancées autrefois sont levées. Des célébrations communes sont organisées.

Actuellement dans le monde les catholiques sont un bon milliard, les protestants près d'un demi-milliard et les orthodoxes quelque 200 millions. C'est en Asie et en Afrique du Nord que le christianisme est le moins bien implanté : il est resté très minoritaire en Chine, en Inde, au Japon et dans les pays musulmans. Seuls des grandes religions, catholiques et protestants déploient une importante activité missionnaire en vue de gagner de nouveaux croyants.

Des orientaux en France

Le christianisme oriental se divise en plusieurs Églises qui se sont trouvées séparées du reste de la chrétienté à des époques différentes. En France, il est principalement représenté par les orthodoxes, d'une part, qui sont moins de 200 000, en majorité des Russes venus en France après la révolution bolchevique de 1917, mais aussi des Grecs, des Serbes, des Bulgares, des Géorgiens, des Arabes chrétiens ; et par les chrétiens arméniens, d'autre part, qui ont fui les massacres déclenchés contre eux en Turquie en 1915 et qui sont environ 350 000. Les orientaux sont organisés en Églises nationales indépendantes centralisées, dirigées le plus souvent par des patriarches. L'Église arménienne est elle aussi entièrement indépendante et centralisée sous la direction d'un catholicos.

En Belgique et en Suisse, les Églises orientales comptent peu de fidèles.

Il convient de mentionner une petite minorité d'orientaux qui reconnaissent l'autorité du pape tout en conservant certains traits distinctifs des Églises orthodoxes ou arménienne indépendantes.

En France, ils sont quelques dizaines de mille.

QUELQUES PARTICULARITÉS DES ÉGLISES ORIENTALES

Les orthodoxes formulent de façon un peu différente le dogme de la Trinité, et les chrétiens arméniens, celui de la double nature du Christ.

- **Les lieux de culte orthodoxes** se reconnaissent facilement à la présence d'une cloison qui sépare l'autel de la partie réservée aux fidèles. Cette cloison est abondamment ornée de tableaux appelés icônes, c'est l'iconostase. Il n'y a pas de sièges pour les fidèles. Les offices sont longs, les chants émouvants et les vêtements des célébrants richement ornés.

- **Les prêtres orientaux sont en général mariés,** mais non les évêques. Les fidèles doivent observer de nombreux jours de jeûne. Ils vénèrent et prient les saints. Les Églises orientales sont plus souples que l'Église catholique sur la question de la contraception.

Les ornements du clergé orthodoxe sont richement brodés.

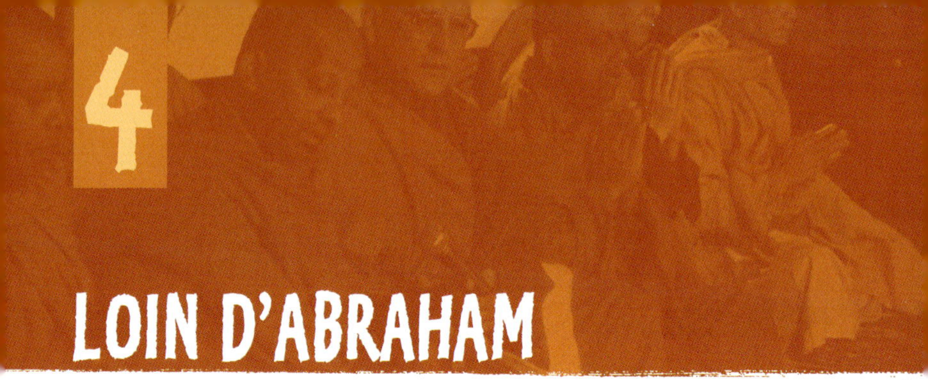

4

LOIN D'ABRAHAM

L'itinéraire de Bouddha

Un des symboles du bouddhisme est la roue de vie, représentée p. 48-49.

Le bouddhisme est répandu dans tous les pays d'Asie orientale, Asie centrale et himalayenne et Asie du Sud-Est. Bizarrement, dans sa patrie d'origine, l'Inde, il n'est pas parvenu à supplanter l'hindouisme traditionnel, dont il avait d'ailleurs repris des éléments, et en particulier la croyance en l'existence d'un cycle douloureux de renaissances successives.

Le bouddhisme cherche avant tout une réponse au problème de la souffrance, mais avec cette énorme différence qu'il ne trouve pas la solution dans la révélation ou dans l'action d'un dieu. C'est de lui-même que Siddharta, qui a vécu au Vᵉ siècle av. J.-C., « s'éveilla » un jour, parvenant, après bien des méditations, à comprendre de quelle façon on peut échapper à la souffrance.

De là vient son surnom de Bouddha, qui signifie « l'éveillé ».

La souffrance, pour Bouddha, c'est l'insatisfaction. Elle vient de l'impossibilité dans laquelle se trouve l'homme de combler ses désirs. C'est donc en maîtrisant ceux-ci, mais sans les éliminer, que l'homme peut échapper à la souffrance et aux renaissances successives.

Bouddha sculpté par des artistes du IVᵉ siècle ap. J.-C.

Une autre réponse au polythéisme

Ainsi, au moment même où, au Proche-Orient, se constituait définitivement le monothéisme judaïque, un autre grand foyer de civilisation, l'Inde, a vu apparaître un personnage qui cherchait la réponse aux problèmes de l'homme dans une direction tout à fait différente. Pour le bouddhisme, la clé du bonheur des hommes est en eux-mêmes, dans leurs efforts personnels, leur entraide et leur solidarité. La souffrance n'est jamais un moyen de salut. Le bouddhisme ignore la notion de péché, de châtiment du péché et de rédemption. Les actes mauvais sont nuisibles en ce qu'ils empêchent la progression du croyant vers la sérénité.

Le bouddhisme est néanmoins une religion en ce sens qu'il suppose la foi en Bouddha, en l'efficacité de son enseignement et en l'exemple de ses disciples. Mais cette religion sans Dieu se rapproche d'une sagesse, d'une philosophie de la vie.

Le bouddhisme, une sagesse

Quand on appelle quelqu'un à rester calme, aujourd'hui, on lui dit : « zen ! » Le zen est une école bouddhiste qui s'est développée au Japon.

Pour que l'homme apprenne à se maîtriser, le bouddhisme lui propose de remarquables techniques de méditation. Un nombre croissant de Français espère y trouver une méthode de relaxation et d'élimination du stress.

Les bouddhistes prient les dieux de l'hindouisme pour les aider dans différentes circonstances de la vie, mais ces dieux ne peuvent en rien les faire parvenir à la sérénité, car ils sont eux-mêmes soumis aux renaissances. De nombreux bouddhistes, pour hâter leur progrès spirituel, deviennent moines, se soumettant à d'innombrables règles de vie au sein d'une communauté religieuse. Les moines accomplissent des rites, donnent l'exemple d'une vie sainte et prêchent la doctrine bouddhiste.

Du bon usage des mystères

Avec cette brève présentation du bouddhisme, nous avons fait le tour des principales religions pratiquées en France. Mais il convient aussi de mentionner l'existence de courants ésotériques ou occultistes qui misent sur les manifestations des énergies profondes de l'homme, telles que la télépathie, ou transmission de pensée, et les dons de guérison. La rareté de ces phénomènes fait qu'ils sont difficiles à étudier et, par suite, à contrôler. Ceux qui en font un bon usage peuvent rendre de grands services. Par contre, il est souvent difficile de dépister les charlatans qui se font fort de prédire l'avenir ou de communiquer avec les esprits des morts. Ce sont souvent parmi des personnes de ce genre que l'on trouve les fondateurs de ce qu'on appelle les sectes. Les plus anciennes des sectes sont parties de l'idée que la fin du monde était proche. Les adventistes du septième jour (nés

Il n'y a pas de frontière nette entre secte et religion. Plusieurs religions ont commencé par être des sectes. Le problème des sectes, actuellement, est qu'elles ne respectent pas les droits fondamentaux de leurs adeptes.

LE BOUDDHISME EN QUELQUES MOTS

Les croyances

Tous les hommes passent par des successions de morts et de renaissances, conditionnées par les actes qu'ils ont accomplis durant leur vie. Ils peuvent accéder au final à un état de non-souffrance et de non-renaissance, le *nirvana*.

Les livres saints

Dans les Trois Corbeilles, rédigées plusieurs siècles après la mort du Bouddha, on trouve ses sermons, la discipline de vie qu'il préconise et des récits de sa vie.

L'organisation

Le bouddhisme comporte nombre de courants et d'écoles. Chaque croyant peut choisir son guide spirituel et suivre sa propre voie vers la libération. Le bouddhisme tibétain a un chef spirituel, le dalaï-lama.

Les pratiques

- **La règle fondamentale** est de suivre ce qui favorise le progrès spirituel vers le nirvana et d'éviter ce qui y fait obstacle. La voie monastique est plus efficace, mais non obligatoire. Les rites et cérémonies ne jouent qu'un rôle d'accompagnement. Ils reflètent surtout les traditions nationales des peuples d'Asie où le bouddhisme est largement répandu.
- **Les croyants doivent honorer** le Bouddha et les autres saints, aider les monastères bouddhiques par des dons, mais surtout s'efforcer de surmonter leur égoïsme, de ne pas mentir, de ne pas voler, d'être

Des moines d'origine asiatique et européenne prient ensemble à Vincennes, pour l'anniversaire de l'illumination de Bouddha.

attentifs aux autres, de respecter les hommes et de ne pas mettre à mort d'êtres vivants sans nécessité.

Situation en France

Un demi-million d'adeptes, suppose-t-on, pour la plupart originaires de Chine, du Vietnam et d'autres pays de l'Asie du Sud-Est. Une dizaine de milliers de Français de souche se sont convertis au bouddhisme, et ils sont beaucoup plus nombreux à se sentir de la sympathie pour cette doctrine.

Que reste-t-il des aspirations individuelles de chacun dans ce mariage collectif de 28 000 couples organisé par la secte Moon à Washington, en 1997 ?

au milieu du XIXe siècle) mettent l'accent sur le renoncement à la viande, à l'alcool et au tabac, tandis que les Témoins de Jéhovah, apparus un peu plus tard, se livrent à une propagande intensive, parcourant les quartiers des villes et distribuant leurs publications. Ce qui est grave, c'est qu'ils interdisent à leurs membres les transfusions sanguines, pourtant indispensables pour sauver de nombreuses vies humaines.

Un grave danger

Beaucoup plus dangereuse est la secte du Coréen Moon, qui s'autorise à intervenir dans tous les domaines de la vie de ses disciples, les mariant ou les divorçant, disposant à sa guise de leurs biens, cherchant également à exercer une influence politique. Citons aussi les raéliens, dont le fondateur prélève 1 % des revenus de ses adeptes et hérite de tous leurs biens à leur mort. L'Église de scientologie accumule scandales et procès.

Le plus souvent, les initiateurs de ces mouvements utilisent leur influence à des fins personnelles, pour s'enrichir ou satisfaire leurs caprices, y compris sexuels. Ils vont parfois jusqu'à séquestrer leurs fidèles, leur interdire de consulter les médecins, de communiquer avec leur famille et, même, ils les poussent à des suicides collectifs, comme dans le cas du Temple solaire. Les chefs des sectes, en général, ne proposent aucun message spirituel, ils se contentent de combiner des éléments empruntés à différentes religions existantes qui leur servent de prétexte pour chercher à soumettre des personnes déçues par la vie, déboussolées, traumatisées. Les sectes sont un danger grave dans les sociétés modernes. Il faut donc ouvrir les yeux de leurs fidèles sur ce danger, tout en respectant le sentiment religieux qu'ils ont cherché à exprimer en adhérant à une secte.

5

HOMMES DE DIEU ET LIEUX SAINTS

Les prêtres avant Jésus-Christ...

La religion a une dimension individuelle et une dimension collective. Le croyant s'adresse à Dieu pour lui confier ses peines, lui demander une aide et une lumière, lui exprimer sa confiance, son admiration. La prière vient du fond du cœur, tout en s'inscrivant dans un cadre communautaire. En effet, dans son milieu familial, par l'intermédiaire de rencontres ou de lectures, le croyant a découvert une institution, avec un message et des rites codifiés, un clergé pour répandre ce message et veiller au bon accomplissement de ces rites.

Dans les religions polythéistes existaient déjà des

prêtres, qui présidaient les cérémonies et offraient les sacrifices aux dieux. Le judaïsme en a eu lui aussi, avec des fonctions analogues. La charge de prêtre, chez les Juifs, était familiale, elle se transmettait de génération en génération. Mais, après la destruction du Temple de Jérusalem, les spécialistes des gestes sacrés qu'étaient les prêtres ont cédé la place aux spécialistes des textes sacrés que sont les rabbins.

Les descendants actuels de ces familles se reconnaissent au patronyme de *cohen*, qui veut dire « prêtre » en hébreu.

De gauche à droite : deux prêtres catholiques, un prêtre orthodoxe, une femme pasteur luthérienne, un évêque catholique, un évêque arménien et un pasteur réformé, réunis lors d'une cérémonie commune à Marseille en 2000.

… les prêtres chrétiens

L'eucharistie est la commémoration du dernier repas de Jésus avant sa mort sur la croix. Elle consiste à consacrer du pain et du vin, pour leur faire représenter le corps et le sang de Jésus, puis à les manger.

Dans le christianisme, un sacrement est un ensemble de gestes et de paroles par lequel un représentant de Dieu attire la grâce divine sur d'autres hommes.

Leur mouvement s'appelle le monachisme.

Un nouveau type de prêtres allait apparaître avec le christianisme. Jésus choisit douze apôtres pour porter son message aux hommes et commémorer son sacrifice dans l'eucharistie. Leur succession a été assurée par les évêques. Ceux-ci, dans les Églises catholique, orthodoxe et arménienne, sont seuls dépositaires de la vraie doctrine et ont autorité sur les prêtres et les fidèles. Eux seuls, avec les prêtres qu'ils choisissent, peuvent célébrer l'eucharistie et administrer les sacrements. Ils sont des intermédiaires entre Dieu et les hommes. Les prêtres catholiques sont des hommes non mariés.

Puis, à partir du IVe siècle, apparurent les moines, laïcs ou prêtres, qui se retranchaient du monde pour consacrer toute leur vie à la prière. Certains – les ermites – vivaient dans la solitude, mais la plupart formèrent des communautés, appelées monastères. Dans l'Église catholique, toujours plus centralisatrice, les monastères se fédérèrent assez vite en ordres religieux (bénédictins, cisterciens, chartreux, carmes, etc.). Puis les moines prêtres sortirent de plus en plus souvent de leur monastère pour exercer différentes activités au service de l'Église, et, à partir du XIIIe siècle, se constituèrent d'innombrables ordres et congrégations non monastiques d'hommes et de femmes.

… et ceux qui ne se disent pas prêtres

Dans le bouddhisme, le monachisme est beaucoup plus ancien que dans le christianisme. Les monastères sont les seules communautés bouddhiques organisées. Les disciples sont guidés dans leur vie religieuse par les maîtres spirituels, qui ne constituent pas un clergé et ne sont pas forcément moines.

L'islam, en particulier dans sa variante sunnite, rejette tout intermédiaire entre Dieu et les hommes. Les imams sont simplement des chefs de prière et des conseillers religieux. Mais, dans certains pays musulmans existent des communautés religieuses qui rappellent un peu les monastères chrétiens, ce sont celles des soufis.

Les pasteurs protestants, hommes ou femmes en général mariés, prêchent et président les offices, mais ils ne dirigent pas seuls les communautés

Un imam.

La communauté d'hommes de Taizé, en Bourgogne, fondée par un pasteur protestant, compte plus de moines catholiques que de protestants.

paroissiales. Ils peuvent parfois être suppléés par des laïcs. Bien que le protestantisme, à l'origine, se soit prononcé contre le monachisme, il existe en France quelques communautés protestantes féminines de type monastique.

Ressemblances et différences

Chez les catholiques et les orthodoxes, les diacres, en général mariés, assistent le prêtre mais ne peuvent célébrer eux-mêmes l'eucharistie. Les diacres protestants, eux, gèrent les œuvres sociales.

Les clercs sont les membres du clergé. On dit aussi : les ministres du culte.

En résumé, on peut dire qu'il existe deux principaux types de clergé : celui des catholiques et des chrétiens orientaux, d'une part, celui des juifs, des musulmans, des protestants et des bouddhistes, d'autre part. Le premier est très hiérarchisé : les échelons inférieurs (prêtres et diacres) sont étroitement soumis aux échelons supérieurs (évêques, patriarches, pape). Le second, par contre, est au service de communautés qui s'administrent elles-mêmes, éventuellement sous le contrôle d'organismes régionaux et nationaux élus.

Cependant, les clercs de toutes les religions ont beaucoup de traits communs. Ils ont fait des études qui les préparent à guider les fidèles dans l'organisation des cérémonies. Ils sont à l'écoute des croyants, les aident de leurs conseils dans les moments difficiles : problèmes familiaux, maladies, deuils.

Les membres des différents clergés, à la ville, sont le plus souvent en civil. De rares prêtres portent encore des robes noires. Prêtres et pasteurs revêtent quelquefois, sous leur veste, un plastron muni d'un faux col blanc rigide. Les prêtres catholiques mettent une petite croix à leur boutonnière. Les rabbins ont la tête couverte d'un chapeau noir ou d'une calotte appelée kippa. Les imams gardent parfois en ville leur robe et leur calot clairs.

Les juifs pratiquants font de même.

Les lieux de culte

Les communautés disposent de locaux pour prier, écouter des lectures et des sermons, participer éventuellement à des rites sacrés. Ces locaux jouent souvent un important rôle social et culturel pour les communautés d'immigrés, qui s'y retrouvent pour se replonger dans leurs traditions, religieuses ou non.

Les deux pages qui suivent présentent les lieux de culte des principales religions. La plupart se visitent, mais beaucoup ne sont ouverts qu'à l'occasion des offices. Les visiteurs doivent avoir une tenue correcte et ne pas troubler le silence. Les hommes se découvrent dans les églises et se couvrent dans les synagogues. Tous doivent se déchausser dans les mosquées et les temples bouddhiques. Les synagogues devant être particulièrement protégées contre les actes antisémites, il vaut mieux, pour s'y rendre, se faire accompagner par un ami juif.

Un rabbin avec son châle de prière.

Église catholique d'Assy. Une église chrétienne comporte un autel surmonté d'une croix, un pupitre pour les lectures, des sièges pour les fidèles et, chez les catholiques, des images de saints et une lampe rouge allumée devant le coffre contenant les hosties consacrées.

Mosquée de Lyon. Dans le mur du fond une niche vide qui indique la direction de La Mecque et la chaire où prêche l'imam. Pas de sièges pour les fidèles. Les femmes se tiennent à part des hommes. Des fontaines sont prévues dans la cour ou le vestibule pour les ablutions rituelles.

Grande synagogue de Paris. Au fond, un coffre recouvert d'un voile brodé pour les rouleaux de la Torah. Devant, une lampe rouge allumée, un pupitre pour l'officiant et des sièges pour les fidèles. Au milieu de la salle, une tribune pour les lecteurs. Les femmes se tiennent à part des hommes.

Temple bouddhique de Toulon-sur-Arroux. Au fond, une grande statue de Bouddha. Devant elle, l'autel des offrandes. On peut y voir aussi des statues de divinités ou de saints. Il y a parfois des sièges pour les fidèles.

Les buts de pèlerinage

Il y a ensuite les sites fondateurs : Jérusalem, berceau à la fois du judaïsme et du christianisme, mais aussi troisième lieu saint de l'islam ; Bethléem, un peu au sud de Jérusalem où Jésus est né ; La Mecque et Médine, où Mohammed a prêché l'islam. On peut y ajouter Rome, en raison du rôle capital que joue le pape dans l'Église catholique.

D'après la tradition, Mohammed, alors qu'il se trouvait à Jérusalem, aurait été élevé au ciel puis ramené sur terre.

On mentionnera enfin les tombeaux de personnages particulièrement vénérés pour leur piété et la sainteté de leurs mœurs, de même que les endroits, comme Lourdes en France et Fatima au Portugal, où des catholiques ont eu la vision de saints, en particulier de la mère de Jésus. Tous ces lieux sont souvent des buts de pèlerinage, c'est-à-dire de voyages à finalité religieuse, pendant lesquels les croyants s'arrachent à leurs soucis quotidiens pour consacrer toutes leurs pensées à Dieu.

Chez les bouddhistes, les stupas sont des sortes de monuments funéraires, dont la pointe s'élève vers le ciel et qui contiennent des restes de saints personnages ou des extraits de textes sacrés.

Lieux saints ou lieux sacrés ?

Selon les religions, tous les lieux saints n'ont pas le même caractère sacré. Pour les catholiques et les chrétiens orientaux, Dieu est réellement présent dans les églises, car on y conserve en permanence du pain consacré lors de l'eucharistie. Pour les juifs, cette présence est marquée par le dernier vestige du Temple à Jérusalem et, pour les musulmans, par le petit édifice de la Kaaba, à La

Les non-juifs l'appellent « mur des lamentations ».

Mecque, avec la pierre noire qui s'y trouve. En revanche, les synagogues et les mosquées, de même que les temples réformés et bouddhistes, sont de simples salles de réunion.

La Mecque attire des foules énormes pour le pèlerinage annuel des musulmans.

L'ORGANISATION DES COMMUNAUTÉS

Chez les chrétiens

Les paroisses sont dirigées, chez les catholiques, par un prêtre nommé par l'évêque, et chez les protestants, par un conseil de laïcs élu et par un pasteur.

Les évêques catholiques, qui sont nommés par le pape de Rome, dirigent un diocèse (qui, en France, correspond en gros à un département). Les paroisses protestantes, elles, élisent des délégués aux synodes régionaux et au synode national, qui contrôlent le fonctionnement des paroisses et nomment les pasteurs en accord avec les conseils paroissiaux. Chez les luthériens, les synodes régionaux délèguent ces fonctions à un évêque (ou inspecteur ecclésiastique).

Le pape, représentant de Dieu sur Terre pour les catholiques, est élu par les cardinaux, qui l'assistent dans le gouvernement de l'Église et qui sont actuellement plus d'une centaine.

Chez les juifs

Les communautés élisent un conseil qui les administre et nomme le rabbin. Des consistoires locaux et centraux assurent la coordination. Certaines communautés fonctionnent sans lien avec les consistoires.

Chez les musulmans

Les communautés forment un conseil de gestion de la mosquée qui choisit l'imam, et s'administrent de façon indépendante. Elles se regroupent à leur guise dans des fédérations.

Chez les catholiques, un synode est une assemblée d'évêques convoquée par le pape.

Chez les bouddhistes

La direction spirituelle des croyants peut être assurée par tous ceux qui en sont reconnus capables. Les communautés s'administrent de façon indépendante. Les monastères sont eux aussi indépendants.

Une des fonctions principales des prêtres catholiques est de célébrer la messe tous les jours.

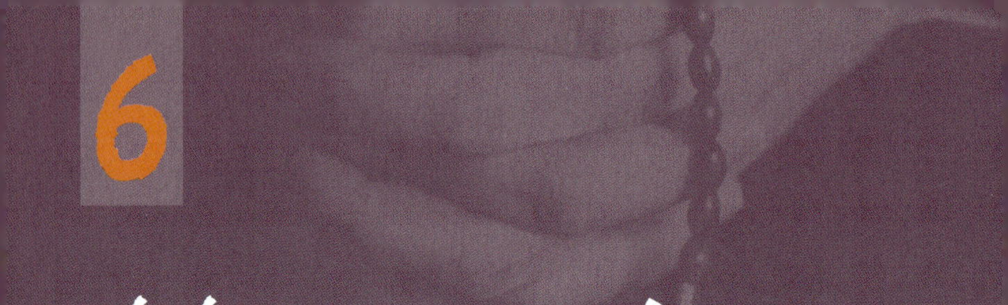

6

CÉRÉMONIES ET PRIÈRES

Les attitudes de la prière

Les catholiques, les chrétiens orientaux et, moins fréquemment, les luthériens, font avec la main le signe de la croix sur le front, la poitrine et les épaules. Les catholiques, parfois, s'agenouillent, les orthodoxes font des inclinaisons profondes. Les chrétiens (sauf les protestants) font brûler des cierges pour recommander ceux qu'ils aiment à Dieu et aux saints.

Les musulmans sont tantôt debout, tantôt inclinés, tantôt prosternés face contre terre. Les mains sont parfois croisées, la droite sur la gauche, parfois étendues la paume vers le haut ; en prononçant la profession de foi, ils pointent l'index pour signifier l'unicité de Dieu. À la mosquée, pour prier, ils se rangent en lignes parallèles au mur du fond. Les juifs, en priant, se tiennent droit ou le haut du buste légèrement incliné en avant ; ils se balancent parfois d'avant en arrière.

Les bouddhistes, lors des cérémonies ou de leurs méditations, ont de nombreuses postures favorisant la concentration.

Une chrétienne fait brûler un cierge devant une image de la Vierge.

Gestes et textes composent des rites, ils visent à mettre le croyant en relation avec le sacré, à le détacher de ses préoccupations quotidiennes. D'après le degré de solennité des cérémonies, on trouve d'abord les chrétiens orientaux, suivis par les catholiques, puis par les luthériens, et enfin les réformés, les bouddhistes et les musulmans.

Le rythme de la journée

Cérémonies et prières, les unes obligatoires, les autres non, suivent un rythme régulier.

Dans les pays musulmans, l'appel à la prière est lancé depuis le minaret (la tour de la mosquée) par le muezzin.

Les musulmans sont tenus de prier cinq fois par jour en se tournant vers La Mecque, soit à la mosquée, soit à l'endroit où ils se trouvent, en étendant par terre leur tapis de prière.

Les juifs doivent prier trois fois par jour, tournés vers Jérusalem. Ils le font chez eux ou, s'ils sont au moins dix hommes de plus de treize ans, à la synagogue.

Il est recommandé aux chrétiens de prier tous les jours, en particulier au lever, avant les repas et au coucher.

Les moines chrétiens ont de nombreuses prières quotidiennes (l'office divin, ou « heures »). Les clercs catholiques non membres d'un ordre religieux récitent les « heures » individuellement, en lisant un livre de prières appelé bréviaire.

Les moines bouddhistes célèbrent des offices tous

les jours dans leurs monastères, avec prosternations, prières, chants, offrandes de fleurs, de lampes allumées, de bâtonnets d'encens. Ils ont des cérémonies spéciales aux phases de la Lune.

Le rythme de la semaine

La semaine est une invention religieuse. Elle remonte au récit de la création du monde dans la Bible et fait intervenir le chiffre sept, considéré souvent, autrefois, comme un chiffre sacré ou

LES ÉTAPES DE LA VIE : LA NAISSANCE

Chez les chrétiens, on baptise les bébés (sauf chez certains protestants, qui préfèrent attendre que l'enfant soit en âge de donner son avis). Les parents choisissent à l'enfant un parrain et une marraine invités à participer à son éducation religieuse.

Chez les juifs, huit jours après la naissance les garçons sont circoncis et reçoivent leur prénom religieux, qui peut être différent du prénom usuel. Les filles reçoivent le leur au premier sabbat qui suit la naissance.

Chez les musulmans, dans les sept jours suivant la naissance on donne son prénom à l'enfant. Le père (ou une autre personne) récite l'appel à la prière à l'oreille du bébé. Il n'y a pas d'âge précis de fixé pour la circoncision.

magique. D'après la Bible, Dieu a créé le monde en six jours et, le septième, il s'est arrêté. Les Juifs ont appelé ce jour sabbat, ce qui veut dire « cessation d'activité » et ils ont rigoureusement interdit tout travail ce jour-là. Ainsi est née l'organisation du temps en semaines, qui s'est conservée jusqu'à maintenant. Dans l'État d'Israël, créé par les Juifs, le jour chômé est le samedi.

Le sabbat, ou shabbat, correspond à notre samedi.

Les chrétiens ont déplacé le jour saint au dimanche, pour commémorer la résurrection de Jésus qui, d'après le Nouveau Testament, a eu lieu dans la nuit du samedi au dimanche.

Chez les musulmans, le vendredi est simplement

Prêche du vendredi dans une mosquée de Bordeaux.

le jour où les fidèles doivent obligatoirement se rendre à la mosquée pour la prière de midi. C'est ce jour-là que Mohammed priait le plus intensément.

L'office du samedi chez les juifs

La prière du samedi comporte des chants, la vénération et la lecture de la Torah, des lectures d'autres livres saints, un sermon par le rabbin et une bénédiction. Les rabbins sont en costume noir, en robe noire ou, parfois, en robe blanche. Tous les hommes doivent avoir la tête couverte. Ils portent souvent le châle de prière (ou *talith*).
Les offices de la veille du sabbat durent environ une heure, et ceux du jour du sabbat, trois heures. On joue parfois de l'orgue dans les synagogues, sauf le jour du sabbat. La langue de la prière est l'hébreu. Le sermon est prononcé en français. Un responsable (le *shamash*) est chargé d'aider ceux qui savent peu ou pas du tout l'hébreu à suivre l'office dans des livres de prière bilingues hébreu-français.

L'assemblée du dimanche chez les chrétiens

L'assemblée, qui s'appelle la messe chez les catholiques et les chrétiens arméniens, la liturgie chez les orthodoxes et le culte (ou service divin) chez les protestants, est annoncée par une sonnerie de cloche. Elle suit toujours un ordre bien déterminé, avec quelques variantes (plus importantes chez les réformés), dans tous les lieux de culte d'une même confession : des lectures de la Bible et des chants, un sermon, l'offrande puis l'eucharistie (consécration du pain et du vin, suivie de la communion). Chez les réformés, l'eucharistie, ou sainte Cène, n'est pas célébrée tous les dimanches. Les messes catholiques et les cultes protestants durent en général à peu près une heure. Ils sont souvent accompagnées à l'orgue ou à l'harmonium, ou parfois par d'autres instruments de

L'eucharistie se célèbre avec du pain sans levain (les hosties), sauf chez les orthodoxes et les calvinistes. Les fidèles communient à la fois au pain et au vin, mais chez les catholiques, encore assez souvent, au pain seul.

LES ÉTAPES DE LA VIE : L'ADOLESCENCE

Toutes les religions monothéistes prévoient un enseignement aux enfants des bases de la foi. Les chrétiens l'appellent le catéchisme.

Chez les chrétiens, à la fin du catéchisme, les jeunes réaffirment leur foi et reçoivent la confirmation (chez les catholiques, des mains de l'évêque).

Les juifs célèbrent la bar-mitsva des garçons à 13 ans et la bat-mitsva des filles à 12 ans. Ensuite, les garçons peuvent participer aux cérémonies au même titre que les adultes.

Les musulmans n'ont pas de cérémonie particulière.

Une femme pasteur, après un baptême, va célébrer l'eucharistie dans une église luthérienne d'Alsace. Les pasteurs luthériens peuvent aussi porter une robe noire à rabat blanc, comme les pasteurs réformés.

musique. Chez les catholiques et les chrétiens orientaux, pour certaines cérémonies, le prêtre asperge l'assistance avec de l'eau bénite et fait brûler de l'encens. L'ensemble des cérémonies se déroule en français, sauf dans les communautés d'origine étrangère.

Grains de résine de différentes plantes qui dégagent en brûlant une odeur agréable.

La prière du vendredi chez les musulmans

Les musulmans se réunissent pour écouter la lecture du Coran, un sermon et accomplir en commun des prières. Ils doivent préalablement procéder aux ablutions rituelles.

Il n'y a ni chants ni musique lors des offices, qui durent environ une heure. La langue de la prière est l'arabe. Le sermon est prononcé en arabe et souvent précédé d'une causerie en français.

Le culte familial

Certaines confessions accordent une importance particulière à ce qu'on peut appeler le culte familial. Les juifs prennent chez eux des repas com-

LES ÉTAPES DE LA VIE : LE MARIAGE

Chez les chrétiens, les mariés s'engagent mutuellement devant le prêtre ou le pasteur et échangent des alliances. La hiérarchie catholique ne reconnaît pas le divorce, mais il existe une procédure pouvant aboutir à une déclaration de nullité du mariage. Chez les protestants, le divorce n'est ni interdit, ni encouragé.

Chez les juifs, les mariés partagent une coupe de vin et se placent sous un dais tenu par quatre amis. Le marié signe des engagements en présence de deux témoins juifs pratiquants. Le divorce est reconnu, mais toujours avec l'accord du mari.

Chez les musulmans, le mariage n'est pas obligatoirement célébré en présence d'un imam mais doit suivre les formes prescrites. Le divorce peut avoir lieu à la demande de l'un des époux ou des deux.

Les juifs célèbrent des cérémonies, comme ici la fête de l'Hanoukka, dans le cadre familial.

mémoratifs, qui rappellent certains épisodes de l'histoire d'Israël. Les bouddhistes chinois et vietnamiens ont dans leur maison un autel des ancêtres où ils déposent des offrandes, allument des bougies et font brûler de l'encens. Les protestants lisent encore quelquefois la Bible en famille.

Autres pratiques

Chez les catholiques et les chrétiens orientaux, à certaines occasions, les fidèles sortent de l'église pour défiler en priant : ce sont les processions.

Le pèlerinage des musulmans à La Mecque en comporte plusieurs.
Les catholiques, les Arméniens et une partie des luthériens accrochent des croix dans les pièces de leurs maisons ; les catholiques y installent parfois aussi un vase avec de l'eau bénite et un rameau de buis. Les orthodoxes fixent dans l'angle de la pièce principale une ou plusieurs icônes devant lesquelles brûle en permanence une lampe ; ils portent toujours sur eux, à même le corps, une petite croix attachée à un cordon. Catholiques, orthodoxes et musulmans s'aident d'un chapelet – cordon sur

LES ÉTAPES DE LA VIE : LA MORT

Chez les chrétiens, une cérémonie a lieu à l'église et une autre, plus courte, au cimetière. Le cadavre peut également être incinéré.
Chez les juifs, on lave le défunt, on l'enveloppe dans un linceul blanc et, si c'est un homme, dans un châle de prière. Les proches parents déchirent le haut de leur chemise. L'incinération est interdite.
Chez les musulmans, le défunt est lavé, enveloppé nu dans un linceul et mis en terre, incliné sur le côté droit, la tête tournée vers La Mecque, après la prière funéraire dirigée par un imam ou un fidèle. L'incinération est interdite.

Le chapelet des catholiques.

lequel sont enfilés des grains de bois – pour réciter certaines prières ou invocations répétitives. En plus du chapelet, les bouddhistes tibétains font tourner un moulin à prière.

Les juifs fixent souvent sur leurs maisons de petites boîtes (les *mezouzas*) contenant des extraits de la Torah. C'est l'une des pratiques les plus couramment observées par les croyants, avec la circoncision et la célébration de la fête du Pardon. Pour certaines cérémonies, les juifs attachent sur leur tête et leur bras gauche de petites boîtes contenant des versets de la Bible.

7

RELIGION ET FÊTE

Noël, fête religieuse ?

La plus grande période de fête, en France, est celle de Noël et du Nouvel An. Elle coïncide avec le moment où les jours recommencent à grandir. Comme grandissent les bébés qui viennent de naître. Le Nouvel An est la naissance d'une nouvelle année.

La fête de Noël commémore celle de la naissance de Jésus, qui marque aussi, à peu de chose près, le début de notre ère. D'après l'Évangile, Joseph et Marie, les parents de Jésus, venus à Bethléem pour s'y faire recenser, n'avaient pu trouver de place dans les auberges, et Marie dut accoucher

En fait, Jésus n'est pas né en l'an 1. La date exacte de sa naissance est difficile à calculer, car les Évangiles la rattachent à des événements historiques éloignés dans le temps. La plupart des spécialistes pensent qu'il est né au plus tard en l'an 4 avant notre ère.

dans une étable. Les bergers des environs et, un peu plus tard, de mystérieux mages vinrent adorer l'enfant-Dieu.

Les décorations de Noël

En souvenir de l'événement, dans les églises et dans beaucoup de familles chrétiennes, on « fait la crèche ». On achète ou on bricole une maisonnette, ou une grotte, dans laquelle on place des figurines représentant le petit Jésus, Marie, Joseph, un bœuf, un âne, les bergers et les rois mages. En Provence, on reconstitue autour tout un village, avec des maisons, un moulin, un puits, un pont et différents petits personnages : paysans, commerçants, le maire et même le curé.

Les petites figurines en terre cuite qui ornent les crèches familiales s'appellent des santons. Dans les crèches d'églises, il y en a de très grands.

En Provence toujours, on monte des spectacles, appelés les pastorales, où des acteurs bénévoles jouent l'histoire de la naissance de Jésus.

La crèche de Noël et ses personnages.

Le grand dragon promené lors du Nouvel An chinois, à Paris en 2004.

Le 31 janvier 2006, les musulmans fêteront le Nouvel An 1427.

qu'on appelle l'hégire (émigration), et c'est à partir de cette date que les musulmans comptent les années. Ce jour n'est pas marqué par des réjouissances particulières. Les enfants font des dessins représentant la colombe qui fit son nid et l'araignée qui tissa sa toile pour masquer aux poursuivants du prophète l'entrée de la grotte où celui-ci avait trouvé refuge. Ce jour-là, on met des vêtements neufs et on fait un bon repas.

• **Chez les Asiatiques**

Il nous reste à mentionner le Nouvel An chinois

et vietnamien, qui a fini par devenir une fête religieuse bouddhique. La fête, qui dure huit jours, commence par un réveillon en famille, au cours duquel on remet aux enfants de l'argent dans une enveloppe rouge, ce qui est censé leur porter chance pour l'année à venir. Ensuite a lieu la danse du dragon, durant laquelle, au son de tambours et de gongs, on promène dans les rues un immense dragon, de 10 à 30 mètres de long. Le spectacle est féerique, et on peut y assister dans les quartiers asiatiques des villes françaises, en particulier dans le 13e arrondissement de Paris.

Les fêtes du printemps

Les hommes ont toujours fêté l'arrivée du printemps, qui marque la fin des rigueurs de l'hiver, le retour des feuilles aux arbres et des oiseaux migrateurs. Bref le retour de la vie. Souvent, les ménagères en profitent pour faire un grand nettoyage de la maison, comme pour la rendre digne d'accueillir le printemps.

La Pâque juive

C'est le moment où les juifs fêtent la Pâque, qui rappelle l'histoire de la sortie des Hébreux d'Égypte sous la conduite de Moïse. Selon la Bible, les Hébreux étaient venus s'installer en Égypte au cours du deuxième millénaire avant notre ère, puis

Pâque vient du mot hébreu *pessah*, qui signifie « passage ».

ils y avaient été réduits en esclavage, et Moïse avait été envoyé par Dieu pour les délivrer. Le pharaon les laissa partir à contrecœur et les Hébreux se mirent en route à la hâte, redoutant qu'il change d'avis. C'est ainsi qu'a commencé l'exode, c'est-à-dire la longue migration de quarante ans qui devait mener les Hébreux en Canaan, la terre que Dieu leur avait promise.

En souvenir de cet épisode peut-être légendaire, les juifs mangent un agneau assaisonné d'herbes amères, pour rappeler les souffrances de l'esclavage, et du pain cuit sans levain. Pendant le repas, dans chaque famille, en réponse à des questions posées par les enfants, le père rappelle les péripéties de la sortie d'Égypte. Les parents cachent un morceau de pain sans levain que les enfants doivent trouver avant de recevoir leurs cadeaux.

Pâques chez les chrétiens

Le mot de Pâque est employé au singulier chez les juifs, presque toujours au pluriel chez les chrétiens.

Jésus, comme tout bon Juif, fêtait la Pâque. C'est à cette occasion, un jeudi, qu'il prit son dernier repas et institua l'eucharistie. Le lendemain, vendredi, il fut arrêté, condamné et mis à mort, et dans la nuit du samedi au dimanche, disent les Évangiles, il ressuscita. Depuis, la fête de Pâques est toujours célébrée un dimanche. La nuit qui précède a lieu la veillée pascale, avec la bénédiction du feu : les assistants allument l'un après

C'est en célébrant sa dernière Pâque que Jésus a institué l'eucharistie.
Autel du dernier souper *(détail), par D. Bouts,* XVe *siècle.*

l'autre leur cierge à celui du célébrant, et l'église, d'abord plongée dans l'obscurité, se remplit peu à peu de lumière, la lumière de Jésus qui, en ressuscitant, triomphe des ténèbres de la mort.
En signe de deuil, on ne sonne pas les cloches des églises entre le Jeudi saint et la nuit de Pâques. Les parents racontent aux enfants que les cloches sont parties à Rome et qu'en revenant elles laissent tomber des œufs en chocolat. Aussi les enfants, à leur réveil le dimanche matin, se mettent-ils à la recherche de ces œufs, que les parents ont pris soin de cacher en différents endroits du jardin ou de la maison. Chez les luthériens, le rôle des cloches est tenu par des cigognes ou par des lapins.

LES DATES DE PÂQUES

Le calcul de la date de la fête de Pâques est très complexe, et il s'effectue sur des bases différentes chez les juifs, chez les chrétiens occidentaux et chez les orientaux, ces derniers ayant conservé partiellement l'usage de l'ancien calendrier julien. Le plus souvent, donc, les chrétiens ne fêtent pas tous Pâques le même dimanche. Quant à la Pâque juive, qui peut avoir lieu n'importe quel jour de la semaine, elle ne coïncide qu'exceptionnellement avec la Pâque chrétienne.

Chez les orthodoxes, on distribue aux enfants des œufs peints et, quand on se rencontre le jour de Pâques, on se salue par la formule « Christ est ressuscité », à laquelle on répond « Il est vraiment ressuscité ». Chez les Arméniens, on offre des œufs peints en rouge et on mange du poisson et des gâteaux en forme d'étoiles ou de petits personnages, comme à Noël d'ailleurs.

Les folies du Moyen Âge

Pour mieux se préparer à Pâques, l'Église avait institué un long jeûne de quarante jours, le carême, pendant lequel les fidèles ne pouvaient consommer de viande, d'œufs, de beurre, ni se distraire. Juste avant, ils se dépêchaient donc de profiter une dernière fois de ce qui allait leur être interdit, et en particulier de manger gras. D'où le nom de Mardi gras, ou de carnaval, donné à la veille du début du carême. Ce jour était donc, du point de vue de la religion chrétienne, non une fête, mais une anti-fête, définie par opposition à une longue période de pénitence.

Des mots latins *carnem levare*, qui signifient « supprimer la viande ».

Au Moyen Âge, le défoulement allait très loin. Un miséreux était élu roi du carnaval, on faisait semblant de lui obéir, on se moquait de l'ordre établi et des autorités, on se travestissait, les hommes en femmes, les riches en pauvres, les vieux en jeunes. Certains même prenaient l'aspect d'animaux ou de personnages imaginaires. C'est depuis ce temps-là que le carnaval est la fête la plus célèbre, la plus tumultueuse dans tous les pays de tradition chrétienne, avec ses défilés costumés qui arpentent les plus grandes rues, ses batailles de fleurs et de confettis, ses pétards, ses chars décorés.

Le carnaval juif

Le massacre devait être déclenché à une date qui serait tirée au sort (d'où le nom de la fête).

Les juifs ont eux aussi leur mascarade, c'est la fête de Pourim (des Sorts), qui rappelle comment les Israélites déportés à Babylone au VIe siècle ont échappé à l'extermination dont les menaçait Aman, premier ministre du roi perse Assuérus. Esther, épouse juive du roi, réussit à persuader son mari de faire grâce à ses compatriotes. En souvenir on

Les déguisements de la fête de Pourim.

allume des lampes dans toute la maison, on s'offre des cadeaux et on fait un bon repas avec beaucoup de vin, des gâteaux triangulaires farcis aux pruneaux (les poches d'Aman) et des gâteaux azymes (les oreilles d'Aman). Et les enfants tapent des pieds et font grincer leurs crécelles quand, dans la lecture de l'histoire à la synagogue, est prononcé le nom d'Aman. Mais surtout, c'est un jour de déguisement et de représentations théâtrales enfantines.

Les fêtes de la lumière

Le soir des fêtes, les hommes ont toujours aimé multiplier les lumières, à l'aide de lampions, de torches, de grands feux de bois. De nos jours, on utilise des guirlandes d'ampoules électriques, des feux de Bengale, des feux d'artifice. On retrouve cette tradition dans la bénédiction du feu de la nuit de Pâques chez les catholiques et dans les grands feux allumés la nuit de la Saint-Jean, le 24 juin, un des jours les plus longs de l'année.

Une lumière venue de loin

Les juifs, eux, ont une fête consacrée spécialement à la lumière. Elle s'appelle Hanoukka et elle dure huit jours : chaque soir, on allume une nouvelle bougie à un chandelier à huit branches encadrant la petite bougie qui sert à allumer les autres.

Ainsi, la lumière gagne peu à peu sur les ténèbres. Durant la fête, de grandes illuminations ont lieu en plusieurs quartiers de Paris et de la région parisienne, ainsi que dans plusieurs villes de province. L'origine de Hanoukka est liée à une tentative d'un roi de Syrie, en 164 avant notre ère, d'imposer aux Juifs les coutumes religieuses grecques. Les Juifs prirent les armes, chassèrent les Grecs et rallumèrent le chandelier du Temple. Le peu d'huile qui y restait après le départ des Grecs brûla miraculeusement pendant huit jours, le temps que l'on fabrique de la nouvelle huile. À l'occasion de Hanoukka, on offre des cadeaux et de l'argent aux enfants. Ceux-ci jouent à la toupie en souvenir des petits Juifs auxquels les Grecs interdisaient d'étudier la Bible : quand ils voyaient approcher une patrouille de soldats grecs, ils cachaient les livres saints et faisaient semblant de jouer à la toupie.

Les fêtes sérieuses

Les fêtes religieuses ne sont pas toujours synonymes de réjouissance. Chez les catholiques, il y a le carême suivi, juste avant Pâques, de la commémoration de la mort du Christ. Il faut mentionner aussi la fête des Morts, le 2 novembre, à l'occasion de laquelle les gens vont fleurir les tombes de leurs parents décédés. Chez les juifs, le grand moment de repentir est le jour du Pardon *(Yom*

Il ne faut pas confondre le jour des Morts (le 2 novembre) avec la Toussaint, ou fête de tous les saints, qui est célébrée la veille, le 1er novembre.

Kippour), célébré 9 jours après *Roch Ha-Chana*. Ce jour-là, les croyants demandent à Dieu pardon de leurs péchés et prient pour les morts. C'est un jour de jeûne et de recueillement, aux sons du *shofar* (trompe en forme de corne de bélier). Le Jour de l'an juif est d'ailleurs lui aussi, normalement, consacré plus au recueillement qu'aux réjouissances.

Le grand jeûne des musulmans

Les musulmans, pour prouver qu'ils sont capables de dominer leur corps si le service de Dieu l'exige, doivent s'abstenir de manger, de boire et d'avoir des relations sexuelles du lever au coucher du soleil pendant le ramadan, 9e mois du calendrier lunaire. Dans un pays non musulman comme la France, ce jeûne est observé par 70 % environ des musulmans, auquel il sert en quelque sorte de signe de reconnaissance. Pour le repas qui suit le coucher du soleil on se retrouve avec des parents et amis. Des prières ont lieu ensuite à la mosquée pour rappeler aux croyants les enseignements de l'islam. Le ramadan est ainsi l'occasion de resserrer les relations au sein de la communauté musulmane ; dans leurs causeries, les imams appellent au pardon des offenses et à la fin des disputes.
Trois jours avant la fin du ramadan, on commémore la première révélation du Coran à Mohammed par l'ange Gabriel (la Nuit du destin).

Les réjouissances en famille pour la fin du ramadan.

Le premier jour du mois suivant, l'*Aïd-el-Fitr*, ou *Aïd-el-Séghir*, deuxième plus grande fête de l'islam, est célébré dans la joie, avec grandes réunions familiales, échange de cartes de vœux et de cadeaux, achat de cadeaux aux enfants et de parfums, visites aux amis, illuminations. Avant de se rendre à la mosquée au petit matin, les croyants mettent des vêtements neufs. C'est à ce moment aussi qu'ils acquittent, en argent ou en nourriture, l'aumône prescrite par Mohammed et qui est ensuite distribuée aux nécessiteux. Ce jour-là, on visite aussi les défunts au cimetière.

Les fêtes des voyages

• Chez les juifs

Une fête juive très pittoresque commémore les quarante ans passés par les Hébreux dans le désert du Sinaï, en route vers la Terre promise. En souvenir des tentes de leurs ancêtres, les juifs d'aujourd'hui, aussitôt passé le jour du Pardon, commencent à édifier chez eux une cabane au toit couvert de branchages. Ils la décorent avec des tentures, des tapis, des chandeliers, y accrochent des fruits. Pendant les neuf jours de la fête des Tentes (*soukkot* en hébreu), ils y prennent leurs repas et, si la place le permet, ils y dorment. Pour ceux qui n'ont ni jardin ni terrasse, la communauté dresse une grande cabane dans la cour de la synagogue. La fête de *Soukkot,* c'est neuf jours de joie exubérante, de réjouissances, d'illuminations : on danse autour de la Torah (même dans la synagogue), on s'offre des cadeaux. Le neuvième et dernier jour est la fête des enfants, avec des jeux, un bon repas, et du bon vin pour les adultes.

• Chez les mulsumans

Pour les musulmans, le grand voyage, c'est le pèlerinage à La Mecque, qui se déroule tous les ans après le mois du ramadan. La fin de la période du pèlerinage donne lieu à la plus grande fête musulmane (*Aïd-el-Kébir*, ou *Aïd-el-Adha*), pendant laquelle, en souvenir du sacrifice d'Abraham, on immole un mouton. On fait des festins, on échange vœux et cadeaux, on achète des vêtements neufs et des parfums, on distribue des friandises et des cadeaux aux enfants, on rend visite à ses amis, on chante et on danse. On se rend aussi au cimetière sur la tombe de ses proches défunts.

• **Autres coutumes**

Les bouddhistes se rendent en pèlerinage sur les lieux de la vie et de l'activité de Bouddha et des saints.

Les protestants, en principe, ne font pas de pèlerinages, mais les réformés français aiment se rendre le premier dimanche de septembre au musée du Désert, créé à Mialet dans le Gard, en souvenir de

Les réformés français sont nombreux à se retrouver, tous les ans, au musée du Désert, dans le Gard.

la résistance aux persécutions déchaînées contre les protestants des Cévennes par Louis XIV après la révocation de l'édit de Nantes. Cette manifestation très populaire attire en général de 10 000 à 20 000 personnes. Aux fêtes qu'ils ont en commun avec les autres chrétiens, les protestants ajoutent celle de la Réformation, le dernier dimanche d'octobre, qui commémore les débuts du protestantisme au XVIe siècle. À cette occasion, ils organisent des rencontres entre paroisses. La fête protestante des Missions, le premier dimanche de février, est marquée par des fêtes champêtres auxquelles participent des représentants de communautés protestantes d'outre-mer.

DATES DES PRINCIPALES FÊTES

Nous indiquons ci-dessous, pour les cinq prochaines années, les dates des grandes fêtes (ou le premier de celles qui durent plusieurs jours) ne figurant pas dans les calendriers en usage en France.

ANNÉE 2005

Date	Fête	Date	Fête
dim. 27 mars	**Pâques**	mar. 4 octobre	**Nouvel An 5765**
jeu. 21 avril	**naissance de Mohammed**	mar. 18 octobre	**fête des Tentes**
dim. 24 avril	**Pâque**	jeu. 3 novembre	**fin du ramadan**
dim. 1er mai	**Pâques**	dim. 25 décembre	**Noël**
lun. 23 mai	**Vesak**	lun. 26 décembre	**Hanoukka**

ANNÉE 2006

Date	Fête	Date	Fête
vend. 7 janvier	**Noël**	dim. 16 avril	**Pâques**
mar. 10 janvier	**fête du Pèlerinage**	dim. 23 avril	**Pâques**
dim. 29 janvier	**début de l'année du chien**	sam. 13 mai	**Vesak**
mar. 31 janvier	**Nouvel An 1427**	sam. 23 septembre	**Nouvel An 5766**
mar. 14 mars	**fête des Sorts**	sam. 7 octobre	**fête des Tentes**
mar. 11 avril	**naissance de Mohammed**	mar. 24 octobre	**fin du ramadan**
jeu. 13 avril	**Pâque**	sam. 16 décembre	**Hanoukka**
		lun. 25 décembre	**Noël**
		dim. 31 décembre	**fête du Pèlerinage**

ANNÉE 2007

Date	Fête	Date	Fête
dim. 7 janvier	**Noël**	merc. 2 mai	**Vesak**
sam. 20 janvier	**Nouvel An 1428**	jeu. 13 septembre	**Nouvel An 5767**
dim. 18 février	**début de l'année du porc**	jeu. 27 septembre	**fête des Tentes**
dim. 4 mars	**fête des Sorts**	sam. 13 octobre	**fin du ramadan**
sam. 31 mars	**naissance de Mohammed**	merc. 5 décembre	**Hanoukka**
mar. 3 avril	**Pâque**	jeu. 20 décembre	**fête du Pèlerinage**
dim. 8 avril	**Pâques**	mar. 25 décembre	**Noël**

catholiques et protestants · orthodoxes · juifs · mulsumans · bouddhistes

ANNÉE 2008

Date	Fête	Date	Fête
lun. 7 janvier	Noël	mar. 20 mai	Vesak
jeu. 10 janvier	Nouvel An 1429	jeu. 2 octobre	fin du ramadan
jeu. 7 février	début de l'année du rat	mar. 30 septembre	Nouvel An 5768
jeu. 20 mars	naissance de Mohammed	mar. 14 octobre	fête des Tentes
vend. 21 mars	fête des Sorts	mar. 9 décembre	fête du Pèlerinage
dim. 23 mars	Pâques	lun. 22 décembre	Hanoukka
dim. 20 avril	Pâque	jeu. 25 décembre	Noël
dim. 27 avril	Pâques	lun. 29 décembre	Nouvel An 1430

ANNÉE 2009

Date	Fête	Date	Fête
mer. 7 janvier	Noël	mar. 19 mai	Vesak
lun. 26 janvier	début de l'année du buffle	sam. 19 septembre	Nouvel An 5769
lun. 9 mars	naissance de Mohammed	lun. 21 septembre	fin du ramadan
mar. 10 mars	fête des Sorts	sam. 3 octobre	fête des Tentes
jeu. 9 avril	Pâque	sam. 28 novembre	fête du Pèlerinage
dim. 12 avril	Pâques	sam. 12 décembre	Hanoukka
dim. 19 avril	Pâques	vend. 18 décembre	Nouvel An 1431
		vend. 25 décembre	Noël

ANNÉE 2010

Date	Fête	Date	Fête
jeu. 7 janvier	Noël	jeu. 9 septembre	Nouvel An 5770
jeu. 14 janvier	début de l'année du tigre	vend. 10 septembre	fin du ramadan
vend. 26 février	naissance de Mohammed	jeu. 23 septembre	fête des Tentes
dim. 28 février	fête des Sorts	merc. 17 novembre	fête du Pèlerinage
mar. 30 mars	Pâque	jeu. 2 décembre	Hanoukka
dim. 4 avril	Pâques	merc. 8 décembre	Nouvel An 1432
jeu. 27 mai	Vesak	sam. 25 décembre	Noël

8

FACE À LA FOI – L'INCROYANCE

La richesse de la foi

Ce tour d'horizon des religions de France nous a montré qu'elles donnaient à la fois une explication du monde et un sens à la vie. Elles répondent aux grandes questions que se sont toujours posées les hommes : d'où venons-nous ? d'où vient le monde qui nous entoure ? qu'y a-t-il après la mort ? comment expliquer le mal, la souffrance ?

Les religions ont pour base la foi, qui est rencontre d'une personne par l'intermédiaire d'autres personnes. Foi veut dire confiance, et toute foi religieuse naît d'une double confiance. Le croyant met sa confiance en Dieu pour l'éclairer et le gui-

Les bouddhistes, eux, mettent leur confiance en l'homme d'exception que fut Bouddha.

der. Et Dieu, il l'a découvert grâce à des croyants, ou à des livres de croyants, à qui il a fait confiance.

Avec quelle tendresse ce vieux musulman transmet sa foi à son petit-fils !

non plus Dieu, qui était au centre de ce mouvement, d'où son nom d'humanisme.
Proclamé créature préférée de Dieu par le judaïsme, puis par l'islam, élevé au niveau de Dieu par le christianisme, l'homme, désormais, s'affirme capable d'assumer directement son destin, avec ou sans Dieu.

Qu'est-ce que l'incroyance ?

Depuis ce grand tournant, l'homme, pour étudier le monde, a adopté une démarche scientifique, partant de l'observation des phénomènes naturels et non des affirmations des livres saints et des autorités ecclésiastiques. Il maîtrise des techniques qui lui permettent d'agir de plus en plus efficacement sur la nature sans recours au surnaturel. Le développement de la culture, des communications, des loisirs (sport, tourisme, cinéma, télévision) et, surtout, l'univers inépuisable des relations humaines, de l'amour, de l'amitié permettent aux hommes de remplir leur vie sans avoir besoin de la religion. Ils y trouvent suffisamment d'occasions d'admirer, de se réjouir, de s'épanouir. Quand ils rencontrent des difficultés dans leur tête, ils ne vont plus trouver un prêtre, mais un psychologue ou un psychiatre, ces « médecins de l'âme » apparus à la fin du XIXe siècle. Une masse croissante de la population, sans nier forcément l'existence de Dieu, mène sa vie comme si Dieu n'existait pas. Actuellement, en France, 40 % des jeunes de 15 à 24 ans, qu'ils soient athées, agnostiques ou simplement indifférents, disent avoir le sentiment de n'appartenir à aucune religion.

Les athées affirment que Dieu a été imaginé par l'homme ; les agnostiques pensent qu'il est impossible de savoir s'il existe ou non ; les indifférents, eux, se désintéressent de la question.

Face à son destin d'homme

De nos jours, l'homme est de plus en plus capable, par ses seules forces, de guérir bien des maladies, de nourrir les victimes des famines, de stopper des conflits, de faire progresser et de répandre le savoir, de promouvoir les droits de l'homme. Ce qui ne veut pas dire qu'il a des réponses à toutes les questions ni des solutions à tous les problèmes. Pour l'incroyant, être homme, c'est faire son possible pour améliorer sa vie et celle des autres, sans espérer une victoire définitive sur le mal et sur la mort qui priverait l'homme, finalement, de ce qui fait sa vocation d'homme, à savoir assumer son destin tel qu'il est. Un destin qui n'est jamais achevé, qui est toujours à construire.

9 VIVRE ENSEMBLE

Religion et politique

Dès les débuts de l'histoire humaine, on ne pouvait être membre d'une tribu ou citoyen d'un État, si l'on n'en partageait pas la religion. Le pouvoir politique du roi et le pouvoir religieux des prêtres s'épaulaient mutuellement, quand ils ne se confondaient pas. Or, les religions, dès qu'elles ont un statut officiel, sont inévitablement tentées d'user de la contrainte plutôt que de la persuasion. Devenu seule religion autorisée de l'Empire romain, le christianisme, qui avait pourtant souffert des persécutions, en déclencha contre les cultes païens. Au Moyen Âge, les conversions forcées des juifs,

Le comble de l'intolérance est de mettre à mort celui qui pense différemment. Hérétiques et sorciers ont été victimes des catholiques au Moyen Âge, comme sur cette image, et bien des croyants sont tombés sous les coups d'incroyants. Gravure allemande, BNF, Paris.

la chasse aux hérétiques et aux sorcières, dont beaucoup étaient condamnés au bûcher, les massacres de musulmans lors des croisades font partie des « mauvais souvenirs » du christianisme, tout particulièrement catholique (sa branche la plus structurée, la plus active, la plus répandue aussi), mais il est arrivé que d'autres religions, dans les pays où elles étaient majoritaires, manifestent autant d'intolérance.

Ces persécutions ont été particulièrement le fait de la sinistre Inquisition. Récemment, le pape Jean-Paul II a demandé pardon aux hommes, au nom de l'Église, pour les crimes commis par cette police religieuse.

La réaction contre la domination religieuse

Les adversaires des religions établies, à leur tour, une fois qu'ils se sont retrouvés au pouvoir, sont tombés dans des excès parfois bien plus graves que ceux qu'ils dénonçaient. En France, pendant la Révolution, à partir de 1794, s'est manifesté un véritable acharnement à détruire ou à profaner ce qui pouvait rappeler la foi religieuse : églises, statues, tombeaux même. Les Jacobins supprimèrent le calendrier d'origine chrétienne pour le remplacer par un calendrier républicain, avec une semaine de dix jours et de nouvelles dénominations des mois de l'année et des jours de la semaine. Leur motivation, cependant, était plus politique que religieuse : les révolutionnaires, rêvant d'un monde nouveau, rejetaient tout ce qui rappelait le monde ancien (costume, calendrier et, bien sûr, culte religieux) et aidait à le maintenir (l'Église catholique en France était un appui fidèle de l'Ancien Régime).

L'aspiration à une libération sociale radicale a entraîné en Russie soviétique, à partir de 1917, contre tous les opposants réels ou supposés, croyants y compris, des répressions encore plus sanglantes que dans la France révolutionnaire.

La place de l'athéisme

Jusqu'à maintenant, les associations d'athées sont plus occupées à dénoncer les aspects négatifs des religions qu'à chercher des solutions positives aux problèmes des hommes. Les athées doivent savoir oublier le mépris, voire la haine que leur ont longtemps portés les religions, et reconnaître que Dieu, qu'il existe ou non, est digne de respect parce que présent dans la tête et dans le cœur des croyants. L'athéisme est une façon de plus de concevoir le destin de l'homme. Le judaïsme a survécu à l'apparition du christianisme ; judaïsme et christianisme n'ont pas été supplantés par l'islam ; aucune de ces trois religions, pareillement, ne sera détruite par l'athéisme. Chacun de ces courants de pensée représente un nouvel enrichissement de la pensée humaine. Selon la magnifique formule d'un jeune musulman français anonyme citée lors d'une émission de télévision : « J'ai besoin de l'autre différent pour être moi. »

Le difficile apprentissage de la tolérance

En France, après les outrances de la Révolution de 1789, Napoléon Bonaparte garantit une égale liberté de culte aux trois religions pratiquées à l'époque en France – catholicisme, protestantisme et judaïsme –, sous le contrôle étroit de l'État, qui nommait et rétribuait les ministres du culte.

L'hostilité entre l'Église catholique et la République fut tenace. La hiérarchie et la majorité des fidèles réprouvaient la plupart des idées nouvelles en politique comme en science et en philosophie. Ils s'opposèrent nettement à l'adoption en 1905 de la loi de séparation de l'Église et de l'État, qui

Longtemps, les chefs de l'Église catholique se sont opposés à la liberté religieuse qui mettait sur le même plan la religion catholique, pour eux la seule vraie, et les autres religions, qu'ils considéraient comme fausses.

retirait tout statut officiel aux religions en France. Pourtant cette loi confirmait la liberté de conscience et accordait aux Églises une entière liberté d'organisation, qu'elles n'avaient pas auparavant. Face à la résistance des catholiques, l'application de cette loi s'accompagna de fermetures d'églises et d'interdiction d'ordres religieux, ce qui contredisait l'esprit même de la réforme.

Vers une authentique laïcité

Il fallut la Première Guerre mondiale pour ressouder l'unité du pays et aboutir à une véritable laïcité, respectueuse de tous. Depuis, l'État a établi des structures de dialogue avec les croyants (relations diplomatiques avec le Vatican, consultations avec les organismes de liaison des différentes confessions). La laïcité put dès lors s'affirmer pour ce qu'elle était profondément : non pas le rejet ou la limitation de la religion, mais la garantie de la paix civile dans une société pluraliste. Sous une forme ou sous une autre, les États modernes ont pris peu à peu leurs distances vis-à-vis des religions. Et la France, suivie de près par la Turquie musulmane, a joué en ce domaine un rôle de pionnier.

En Belgique, la religion n'est pas totalement séparée de l'État, qui verse leur salaire aux membres du clergé et finance l'enseignement privé. En Suisse, le catholicisme et le protestantisme sont des religions officielles et les cantons suisses subventionnent les religions. Dans ces deux pays, il existe un enseignement religieux dans les écoles.

La laïcité signifie que ni l'État ni un individu n'a le droit de forcer quelqu'un, par des pressions, des violences ou tout autre moyen, d'adopter une foi religieuse, de l'abandonner s'il veut la conserver, de la conserver s'il veut l'abandonner. La liberté religieuse relève de la liberté d'opinion, dont jouissent tous les citoyens et les associations qu'ils constituent librement, et elle se prolonge par la liberté de culte. Elle est désormais reconnue par la plupart des États du monde.

Une chance pour les religions

La séparation de l'Église et de l'État en France a mis l'Église catholique à l'abri des dangers auxquels l'exposait, précédemment, sa position de religion officielle. Au lieu de dénigrer le progrès des sciences, des techniques, des institutions politiques, les catholiques y ont participé toujours plus activement. On ne compte plus, de nos jours, les savants, les artistes, les hommes politiques croyants. Cependant, si les religions reconnaissent volontiers après coup les bienfaits de la laïcité, ce n'est jamais d'elles qu'en vient l'initiative. L'État doit savoir, parfois, exercer une pression raisonnable, comme c'est le cas actuellement en France avec l'interdiction du foulard islamique dans les écoles et autres lieux publics.

L'émancipation de la femme

En fait, dans l'affaire du foulard, le débat se situe beaucoup plus sur le plan social, voire politique,

que sur le plan religieux. Dans la plupart des sociétés anciennes, la femme était considérée comme inférieure à l'homme. Le Coran n'est ni plus ni moins « macho » que la Bible ou l'Évangile. Jusqu'à maintenant, chez les catholiques et les chrétiens orientaux, les femmes ne peuvent devenir évêques ou prêtres, et la plupart des religieuses portent un voile sur la tête. C'est après de longs débats, et par-

Les problèmes de l'égalité des femmes suscitent bien des débats dans les établissements scolaires. Ici, dans le lycée Louise-Michel d'Épinay-sur-Seine, en 2003.

fois très récemment, que les femmes ont pu, dans les pays occidentaux, obtenir le droit de vote, partager avec le père l'autorité dans la famille, disposer librement de leur corps grâce à la contraception et à l'avortement. Bien peu de femmes ont eu l'occasion d'exercer le pouvoir, et d'ailleurs le cas s'est présenté beaucoup plus souvent, ces dernières années, dans des pays non chrétiens, tels que l'Inde, le Pakistan musulman, le Sri Lanka, la Turquie musulmane ou Israël, que dans des pays de tradition chrétienne.

Les textes sacrés juifs et chrétiens, tout autant que le Coran, affirment que le mari est le chef de famille. L'islam, en revanche, a toujours reconnu à l'épouse le droit de posséder des biens.

De tous les grands pays occidentaux, seuls la Grande-Bretagne a eu une femme à la tête du pouvoir.

Laïcité et extrémisme religieux

Plusieurs États à majorité musulmane ont déjà adopté des lois garantissant l'égalité de statut des femmes, interdisant la polygamie et même, comme en Turquie, interdisant le port du voile. De nombreuses femmes, en Algérie, en Tunisie, au Maroc, jusqu'à maintenant, ne se dissimulent plus les cheveux. En France, jusqu'en 1989, les rares jeunes musulmanes qui mettaient un foulard n'avaient jamais cherché à le garder pour aller en classe.

Par contre, l'incitation à porter le voile à l'école vient souvent des mêmes milieux qui rappellent que la femme doit être obligatoirement soumise à un homme – père, frère ou mari –, qui exigent que les femmes musulmanes ne soient soignées que par des médecins de leur sexe, qu'elles puissent emprunter des bus distincts et aller dans les piscines publiques à des heures qui leur seraient réservées. C'est à cette dérive que les pouvoirs publics français espèrent donner un coup d'arrêt en interdisant le port du foulard dans les écoles publiques.

Il est bien évident qu'à l'époque où il a été rédigé, le Coran ne pouvait se prononcer sur ces questions !

Éviter les blocages

Les aléas de l'histoire ont fait que les pays musulmans se sont trouvés coupés de l'Europe au moment où celle-ci, avec la Renaissance, basculait dans la modernité. En se raidissant contre celle-ci, les intégristes condamnent l'islam à n'être que la religion d'une communauté repliée sur elle-même, une religion en survie. Seule l'acceptation de la laïcité, de la pleine égalité de tous les humains indépendamment du sexe et de la religion, permettront aux musulmans de participer pleinement à la vie d'une société pluraliste tout en préservant leur identité.

Il y a aussi des intégristes chrétiens et des intégristes juifs, heureusement très minoritaires en France les uns comme les autres.

Un des pièges qui guette les religions, et dans lequel elles sont toutes tombées à un moment ou à un autre, est de confondre la foi et la façon dont cette foi a été vécue dans un passé plus ou moins lointain. Les coutumes passent, la foi demeure, cette aspiration de l'homme à un absolu, à un contact avec une personne infiniment aimante.

Respecter le Coran, ce n'est pas continuer, comme au Moyen Âge, à couper la main des voleurs ou à lapider les femmes adultères. Comment certains fanatiques, en France, peuvent-ils réclamer, dans les écoles que fréquentent leurs enfants, qu'il y ait des lavabos et vestiaires séparés pour les musulmans et non-musulmans d'un même sexe, sous le prétexte que les non-musulmans sont « impurs » ?

Le problème social

Ce qu'il faut bien voir, en même temps, c'est que la montée de l'intégrisme musulman est le signe d'un mal-être. Il faut traiter le mal à sa racine, autrement dit lutter résolument contre le racisme et pour l'intégration des musulmans dans la société française. Les banlieues doivent cesser d'être des ghettos où règnent le chômage, la précarité, la délinquance. Les musulmans, Français comme immigrés, doivent être respectés et bénéficier de chances égales en matière d'instruction et d'emploi, sans avoir l'impression d'être des parias dans la société française.

La situation internationale joue aussi un rôle important : les interventions des puissances occidentales au Moyen-Orient, le conflit israélo-palestinien favorisent le développement des réactions intégristes.

Accepter l'autre

Plus généralement, il faut condamner sans ambiguïté toutes les manifestations de rejet de l'autre, qu'elles visent les musulmans, les juifs sous la forme de l'antisémitisme qui resurgit malheureusement encore, ou les gitans, qui sont pourtant majoritairement chrétiens. Il est très important de comprendre que la religion musulmane n'est pas responsable des extrémistes qui s'en réclament tout en n'hésitant pas, parfois, à massacrer d'autres musulmans. Les islamistes sont un mouvement politique, parfois terroriste, qui doit être combattu, tandis que l'islam, comme toute religion, a droit à notre respect.

Tous frères

Heureusement, et c'est là un motif d'espérer, les structures et les attitudes de dialogue se développent. Le dernier concile de l'Église catholique, Vatican II, a courageusement tourné le dos au conservatisme et fortement encouragé l'ouverture, le dialogue avec les autres religions, monothéistes ou non, ainsi qu'avec les athées.

De nombreux croyants, catholiques, protestants, juifs ou musulmans, font preuve d'une grande ouverture d'esprit, du désir sincère de coopérer avec ceux qui ne pensent pas comme eux. De plus en plus souvent, des cérémonies communes regroupent des représentants de différentes religions. Des groupes de dialogue se mettent en place entre chrétiens, juifs et musulmans, entre croyants et incroyants.

Une ouverture d'esprit qui est naturelle chez les bouddhistes, très tolérants vis-à-vis des autres courants de pensée.

LE RAPPROCHEMENT PAR LES PRÉNOMS

→ **Parmi les principaux personnages des débuts du christianisme, on trouve beaucoup de prénoms d'origine juive :** Marie, Jean, Joseph, Élisabeth, Jacques, etc. De nos jours, chrétiens et incroyants donnent volontiers à leurs enfants des noms de grandes figures de l'histoire biblique : Ève, première femme créée par Dieu, Benjamin, arrière-petit-fils d'Abraham, Léa, servante d'Isaac, le juge Samuel, le roi David, les prophètes Daniel ou Jérémie.

→ **Les parents juifs, de leur côté, choisissent souvent pour leurs enfants des noms de fêtes chrétiennes (Noël, Pascal) ou de saints chrétiens :** André, Paul, Marc, Monique, Philippe, Nicole et quantité d'autres.

→ **Chez les musulmans, depuis toujours, on donne certains prénoms repris à la Bible, Ancien et Nouveau Testament. Citons :** Ibrahim (Abraham), Moussa (Moïse), Haroun (Aaron), Daoud (David), Souleïman (Salomon), Djibril (l'ange Gabriel), Issa (Jésus), Youssouf (Joseph), Myriam (Marie), Yahya (Jean-Baptiste).

→ Peut-on espérer qu'un jour des Français de tradition chrétienne ou juive appelleront leurs enfants Abdallah (serviteur de Dieu), Abdelaziz (serviteur du Bien-Aimé), Amina (digne de foi) ou Salem (qui a le cœur droit), **comme le font déjà quelquefois des juifs originaires d'Afrique du Nord ?**

Le pape, chef des catholiques, entouré de responsables juif et musulman lors d'une cérémonie interreligieuse.

Vers un même but

Croyance et incroyance correspondent à des attentes et à des sensibilités différentes. Dans la religion comme en dehors d'elle, des hommes parviennent à se réaliser pleinement, à connaître le bonheur et à en donner aux autres. Il y a des croyants heureux grâce à leur foi, il y a des incroyants heureux sans la foi. Les uns et les autres sont également capables de faire preuve de dévouement et d'esprit de sacrifice, de surmonter leur égoïsme au nom de valeurs telles que la lutte contre la faim, contre la maladie, contre la misère, contre la guerre, pour le respect de l'environnement, pour les droits de l'homme. Les incroyants ne sont pas les derniers à lutter pour la liberté religieuse là où elle est menacée.

La solidarité dans la lutte pour un monde plus accueillant, plus fraternel, plus juste, c'est l'horizon qui s'ouvre à nous en ces premières années du nouveau millénaire.

LES MOTS DES RELIGIONS

Théophile – Théo pour ses copains – **s'intéresse à la religion.** Ça se comprend : Théophile, en grec, signifie l'ami de Dieu. Mais que de mots difficiles dans les religions ! **Saura-t-il tracer le chemin** qui mène de « prêtre » à « catholicisme », de « imam » à « islam », de « pasteur » à « protestantisme », de « rabbin » à « judaïsme » et de « Bouddha » à « bouddhisme », **en ne passant que par des mots ou expressions utilisés par la religion concernée ?**

À partir d'une case, il ne peut progresser que vers les cases voisines situées sur la ligne d'en dessous, à la verticale ou en diagonale. Par exemple, à partir de la case du mot « imam », il ne peut aller que vers les cases : « paroisse », « moine » et « circoncision ». **Il est interdit de remonter ou de se déplacer à l'horizontale.** Un même mot peut être utilisé par des religions différentes. Un mot appartenant à une religion ne se trouve pas forcément sur l'itinéraire de cette religion. Certains mots pourront demeurer inutilisés. Deux ou trois itinéraires peuvent coïncider sur une partie de leur parcours.

Saurez-vous aider Théo ?

Un bon truc pour y arriver, c'est de vous mettre à plusieurs copains de religions différentes.

Pasteur	Bouddha	Imam	Prêtre	Rabbin
Musée du Désert	Paroisse	Moine	Circoncision	Évêque
Fête des Sorts	Hanoukka	Baptême	Stupa	Jérusalem
Pâques	Calvin	Diocèse	Prière	Catéchisme
Culte	Messe	Nirvana	Synagogue	Mohammed
Trinité	Dalaï-lama	Mosquée	Jeûne	Luther
Renaissances	Sacrements	Châle de prière	Tapis de prière	Mezouza
Roue de vie	Jour du Pardon	Abraham	Christ	Confirmation
Moulin à prière	Minaret	Messie	Coran	Muezzin
Sunnite	Temple	Pape	Fête des Tentes	Ramadan
Chapelet	Fête de la Réformation	Kippa	Rome	Ablutions
Bouddhisme	Protestantisme	Catholicisme	Islam	Judaïsme

QUIZ

1. Quelles sont **les religions implantées depuis le plus longtemps** en France ?
   a. catholicisme et islam
   b. judaïsme et christianisme
   c. protestantisme et judaïsme

2. Par qui ou par quoi une **totale liberté de culte** a-t-elle été introduite en France ?
   a. par Henri IV
   b. par la Révolution de 1789
   c. par la loi de séparation de l'Église et de l'État de 1905

3. **Combien y a-t-il de formes de l'islam** largement pratiquées en France ?
   a. 1
   b. 2
   c. 3

4. **La fête de Pâques** tombe toujours le même jour pour :
   a. les catholiques et les protestants
   b. tous les chrétiens
   c. les protestants et les chrétiens orientaux

5. Quelle est **la plus grande fête des musulmans** ?
   a. la fête de l'anniversaire de la naissance du prophète Mohammed
   b. la fête de la fin du ramadan
   c. la fête du Pèlerinage

6 Combien de fois fête-t-on **le Nouvel An en France** ?

a. 3
b. 5
c. 7

7 **Le pape est le chef :**

a. de tous les chrétiens
b. de tous les catholiques
c. de tous les croyants

8 La **fête juive** qui équivaut au **carnaval** est :

a. Hanoukka
b. la fête des Sorts, ou Pourim
c. le jour du Pardon, ou Yom Kippour

9 **Noël est :**

a. une fête purement civile
b. la fête de la naissance de Jésus
c. la fête de saint Nicolas

10 Quelle est la religion **qui a eu le plus de prophètes** ?

a. le judaïsme
b. le christianisme
c. l'islam

Réponses : 1/LES MOTS DES RELIGIONS : a. Pasteur - Paroisse -Baptême - Calvin - Culte - Trinité - Sacrements - Abraham - Messie - Temple - Fête de la Réformation - Protestantisme ; b. Bouddha - Moine - Stupa - Prière - Nirvana - Dalaï-lama - Renaissances -Roue de vie - Moulin à prière - Temple - Chapelet - Bouddhisme ; c. Imam - Circoncision - Jérusalem - Prière - Mohammed - Jeûne - Tapis de prière - Abraham - Coran - Ramadan - Ablutions - Islam ; d. Prêtre - Moine - Baptême - Diocèse - Messe - Trinité - Sacrements - Abraham - Messie - Pape -Rome - Catholicisme ; e. Rabbin - Circoncision - Jérusalem - Prière - Synagogue - Jeûne - Châle de prière - Abraham - Messie - Fête des Tentes - Ablutions - Judaïsme. 2/QUIZ : 1b, 2b, 3a, 4a, 5c, 6b, 7b, 8b, 9b, 10a.

INFORMATIONS UTILES

Pour en savoir plus...

Pour rencontrer des responsables d'une religion ou d'un mouvement athée, le mieux est de chercher dans l'annuaire téléphonique de votre département (pages jaunes) aux rubriques « Église catholique », « Église orthodoxe », « Églises protestantes », « Églises chrétiennes diverses », « Culte israélite », « Culte musulman », « Cultes divers », « Associations religieuses ou philosophiques ». Vous y trouverez l'adresse et le téléphone des lieux de culte ou de réunion les plus proches. Si vous n'avez pas chez vous d'annuaire téléphonique, vous en trouverez dans n'importe quel bureau de poste.

Des associations s'efforcent d'aider les familles à reconnaître les sectes dont la fréquentation peut être dangereuse pour jeunes et adultes :

- **Union nationale des associations pour la défense de la famille et de l'individu (UNADFI),**
  130, rue de Clignancourt, 75018 Paris.
  01 44 92 35 92 - www.unadfi.org

- **Centre de documentation, d'éducation et d'action contre les manipulations mentales (CCMM),**
  Centre Roger Ikor, 3 rue de Lespagnol, 75020 Paris.
  01 44 64 02 40

Les sites internet

Une énorme quantité de sites sont consacrés aux différents courants de pensée religieux et areligieux. Nous pouvons vous conseiller :

Catholicisme	www.cef.fr
Protestantisme	www.protestants.org
Orthodoxie	www.pagesorthodoxes.net
Chrétiens arméniens	www.eglise-armenienne.com
Judaïsme	www.viejuive.com
Islam	www.mosquee-de-paris.org
Bouddhisme	www.bouddhisme-France.org
Athéisme	atheisme.free.fr

Les livres

Les Grandes Religions d'aujourd'hui
(Odon Vallet, Castor Doc Flammarion, 1998)

Il y a plusieurs « foi »
(Monique Gilbert, Albin Michel Jeunesse, 2004)

Petit dictionnaire des religions
(Cath Boëlle, Chantal Chemla et Nicole Rastetter, Pocket Jeunesse, 2004)

Les Religions expliquées à ma fille
(Roger-Pol Droit, Seuil, 2000)

INDEX

L'auteur, depuis sa jeunesse, a vécu successivement l'expérience de la foi religieuse et celle de l'incroyance, deux options qui n'ont jamais cessé de s'interpeller en lui. Il a toujours pratiqué le dialogue avec les catholiques, il a eu des contacts nombreux et approfondis avec des orthodoxes. Pour écrire ce livre, il a rencontré des protestants, des juifs, des musulmans, des chrétiens arméniens, des bouddhistes, il les a interrogés sur leur doctrine, leurs rites, leur organisation, et il a assisté à leurs offices. L'écriture de ce livre a représenté pour lui, au-delà de l'intérêt simplement documentaire, un véritable engagement personnel.

© crédits photographiques

Paris, AKG p.8, p.13 /Rabatti-Domingie p.9 /Cameraphoto p.16 /Nimatallah p.35 /Erich Lessing p.76, p.85 ; Ciric International /Guy Fleury p.11 /Stéphane Lehr p.23, p.57, p.73, p.88 /Alain Pinoges p.34, p.43, p.68 /Michel Gounot p.44, p.45, p.49, p.59 bas /Sygrind Palis p.53 /Robert Kluba p.55, p.58 bas, p.63, p.110 /Laurent Larcher p.58 haut /Régis Martin p.64, p.75 /Gilles Rigoulet p.65 /Patrice Thebault p.71 /Lionel Amans p.77, p.94-95 /Brigitte Cavanagh p.92 /Razzo Papa p.98, p.99 /C.P.P. p. 104, p.116 ; Corbis /Roger Wood p.22, p.28 /Sygma/Ellis Richard p.50 /Leonard de Selva p.59 haut /J.L. Buicao p.82 ; Robert Giraud p.36 ; Paris, MAHJ p.21 ; Reuters /Corbis/Suhaib Salem p.52, p.61 ; Roger-Viollet p.26, p.40, p.105 /Alinari p.101.

Cartes p.30 et sur les rabats réalisées par Olivier Audy.

Imprimé en France par Pollina s.a., 85400 Luçon – 03-2005 – N° d'impression : L96361
Dépôt légal : avril 2005 – Éditions Flammarion (N°2770), Paris, France.
Loi n° 49-956 du 16 juillet 1949 sur les publications destinées à la jeunesse